U0061469

新星世

即將到來的
超智能時代

詹姆斯·洛夫洛克
拜仁·艾普雅德
著

譚宗穎
譯

李偉才序

　　創立「蓋婭理論」的詹姆斯‧洛夫洛克是我十分尊敬的一個科學家，他的成就可見諸「維基百科」，而在大家手上這本新著裏，他亦有所回顧，故我毋須在此贅述。

　　他的科普著述不多，我每一本都看過了。最大的震撼是讀《蓋婭的報復》（二〇〇六年）時，他指出人類在全球暖化災劫中，已經過了「無法回頭」（point-of-no-return）的界線這個觀點。雖然他後來承認這個結論可能有點言之過早，但那無疑是振聾發聵的一聲吶喊。十多年過去了，沒有人（包括最頂尖的科學家）敢說，他所講的是否已經成真。

iv

他的另一個爭議性觀點，是在對抗這個災劫時，我們必須「與敵同眠」，全面擁抱核能。他嚴厲批評一眾堅持「反核」的環保團體，認為他們捨本逐末，沒有認清當前的危機所在，結果好心做壞事。他並非反對發展可再生能源，只是認為「遠水救不得近火」，而核能是能夠讓我們過渡至百分之一百清潔能源不可或缺的一道跳板。

今天已達一百高齡的他，仍然不脫「語不驚人死不休」的本性。在這本《新星世——即將到來的超智能時代》的新著裏，他再次提出一個富有爭議的觀點，那便是人類很快便會「退位讓賢」，而繼任的是他稱為「電子人」的新生命體。

譯文中的「電子人」來自 cyborg 這個英文詞。這個詞是將 cybernetic（控馭學的）和 organism（有機體）這兩個詞結合而成，故直譯是「控馭學有機體」，亦音譯為「賽博格」。

以 cyborg 為題材的優秀科幻作品，筆者認為應首推 Frederik Pohl 於一九七六年發表的長篇小說 *Man-Plus*。但香港人更熟悉的，應是士郎正宗於一九八九年開始連

載的日本漫畫《攻殼機動隊》。

留意上述的「賽博格」擁有人的腦袋和機械的身軀，但洛夫洛克在書中的用法並不一樣。他所指的，是擁有人工智能的機器人，雖然他強調這些機器人不需具有人形，並說最有可能的形狀是球體。

人工智能是否終有一天取代人類，是近年引起廣泛關注的一個議題。洛夫洛克的答案是肯定的。他認為思想速度和各種反應可以快過人類至少一萬倍、並且可以不斷學習不斷改進自身設計的「電子人」（智能機器人），很快便會將人類拋離。他把由此開啟的新紀元稱為「新星世」（Novacene）。

但與大量嘩眾取寵的科幻電影（如《未來戰士》系列、《廿二世紀殺人網絡》系列）不同，洛氏他不認為人類會因此被毀滅。他不但認為人與「電子人」可以並存，更認為彼此會就一個共同的目標合作。這是一個什麼目標？為了不影響大家的閱讀趣味，恕我賣個關子，請大家在書中尋找答案。

就筆者而言，這個目標實在太迫切了，我們不能將

希望寄託在「電子人」身上。但充滿智慧的洛夫洛克也許是對的（他以往的預言差不多都應驗），沒有「電子人」的幫助，人類可能真的無法達成這個目標，而在成功之前，人類將會承受巨大的苦難。可能，這是「新星世」誕生的「陣痛」……

是耶？非耶？惟有留待作為讀者的你自行判斷。

李偉才
香港天文台前高級科學主任、科普作家
二零二一年三月八日

譯者序

　　《新星世：即將到來的超智能時代》之英文原著於二〇一九年甫出版，即引來全球主要報章爭相報導，書評亦見於各大領域的學術期刊。共同作者拜仁・艾普雅德（Bryan Appleyard）在前言部分，簡明有力地介紹了著作的中心思想，加上第一作者詹姆斯・洛夫洛克（James Lovelock）在結語所分享的心路歷程，讀者可以由此了解更多關於其科學論述背後的價值觀念和話語體系。

　　本書翻譯儘可能忠於原文，並採用在香港約定俗成的譯名和用法，同時括註特定詞彙的原始英文，務求來自海內外的中文讀者都能讀懂、讀通。《新星世》深入淺出，

書中比喻及引例生動易明，應能對來自不同背景的讀者，

在思考人類自身境況方面都有所裨益及啟發。

譚宗穎

於薄扶林

二〇二一年三月

目　錄　Contents

Part 1

第二部分：火的時代

Part 2

第三部分：進入新星世

Part 3

Preface

在把他的「女神」蓋婭介紹給我們的四十年後，詹姆斯將再為我們介紹另一個令人震撼又有些激進的嶄新概念 —— 新星世。這是詹姆斯給地球的新地質時代所起的名字。

前言

我非常榮幸能夠幫助詹姆斯·洛夫洛克完成可能是他人生中的最後一本書。我之所以說「可能」，是因為經驗告訴我，永遠不要猜測詹姆斯接下來會做什麼。他現在年紀很大了，但對他而言，享受安靜的退休生活似乎是最不可能的事情。可是，正如他在一封電郵中所承認的那樣，他現在竟真動了這個念頭。

　　「現在我已經接近一百歲了，人們很容易相信我還能貢獻的已經不多。就像跑馬拉松一樣，我知道跑我所面對的最後一座山的痛苦。我或許應該停止嘗試，讓年輕的跑手完成這一程。」

　　讀到這兒的時候我笑了。首先，因為我很難想像有年輕的跑手能夠取代詹姆斯；其次，因為我不相信他所說的。事實是，他總是可能會寫出另一本書，正如他總有新觀念、新看法、新思維一樣。與他合作編寫這本書時，我實際上不得不要求他停止思考，開始解釋他想寫的內容，否則該任務將永遠無法完成。

　　詹姆斯的想像力難以預料、令人振奮，而且驚人地敏銳。我曾經看到他靜靜地坐在一個宴會之中，席上充滿了

非常聰明、非常認真的人。然後，他用單單一句話就推翻了這些人剛才正在談論的一切，讓他們目瞪口呆、陷入沉默。而當他發現人們同意他的看法時，他總是變得疑惑：「我們弄錯了什麼吧？」他問。他不斷尋找反駁的觀點以及不同的視角，並堅持認為科學思想具有內在的不確定性。這種特質會使他自己的概念非常穩固，因其早已經受了很多次破壞性的考驗。當然，這是所有科學家都應有的思考和工作方式，但是很多人卻不這樣做。這就是為何近年來詹姆斯開始稱自己為工程師，而非科學家。

第一次接觸他的時候，你可能會感到困惑。多年前，我在他位於顧米爾（Coombe Mill）的實驗室第一次跟他碰面。我當時還不了解他。我清楚記得，我當時以為自己穿越了一個位面，掉進一個與我所知的世界完全不同的天地。他向我介紹了他的蓋婭假說（Gaia hypothesis），但我沒有掌握到這個概念。也許是因為，正如他在這本新書中所說的那樣，它無法以普通的邏輯形式表達。這樣說並不是因為它很複雜——儘管在細節上確實如此，而是因為其本質就是一種原始的簡單性。你這樣看就對了：生命與

地球是相互作用的整體，而後者可被視為單獨的有機體。一旦我理解了這一點，一切就顯得如此明晰，以至於我認為沒有人會不同意。而實際上，在那時，所有人都不同意。現在，有些人仍然不認同；還有部分人心裏支持蓋婭假說，但假裝不認同——雖然大多數人都承認，詹姆斯永遠改變了我們對生命和地球的理解。

人們經常談論「跳出框框思考」的價值，但他們很少談論思考一種更大的價值，也就是詹姆斯的這種毫無約束的思維。他是如此的博學多才。他的專業主要在醫學和化學領域，但當他談論其他事情時，也沒有一個範疇能難倒他。就科學機構而言，他是一個局外人、特立獨行者，但這並沒有妨礙他獲得獎項和榮譽。他的皇家學會院士提名榮譽列出了他在呼吸道感染的傳播、空氣消毒、凝血、活細胞的冷凍、人工授精、氣相色譜分析等方面的突出工作。

簡要介紹一下，那是在一九七四年，他在氣候科學，以及有關外星生命可能性上的研究，使他聲名鵲起。然後，就是他發明和製造小工具的能力——特別是那些具有革命性的電子捕獲探測器，甚至是微波爐，以及他在情

004

報服務部門工作時所創造的眾多秘密小工具。

　　現在，在通過著作《蓋婭，大地之母：地球是活的》把他的「女神」蓋婭介紹給我們的四十年後，他將再為我們介紹另一個令人震撼又有些激進的嶄新概念——新星世（Novacene）。這是詹姆斯給地球的新地質時代所起的名字。這個時代將接續始於一七一二年、如今已經接近尾聲的人類世（Anthropocene）。人類世是由人類改變整個地球的地質條件和生態系統的方式所定義的。而新星世——即詹姆斯認為可能已經開始的紀元時代——則是我們的技術超越了我們的控制範圍的時代：我們的科技所生產的智能遠遠大於我們自己的智力，而且至關重要的是，其運算速度要比我們自己快得多。這本書的故事，就是關於這種情況是如何發生的，以及它對我們來說意味著什麼。

　　這種情況並不是在許多科幻小說和電影中所看到的機器暴力接管人類的情節，而是人類和機器將團結起來，因為我們需要兩者一起來維持蓋婭——也就是地球——作為一顆活著的行星的存續。正如詹姆斯在一封電郵中對我說的那樣：「我認為重要的概念是生命本身。也許這能解

005

釋為何我將地球視為一種生命形式。只要他們具有共同的目的，他們各個組成部分的性質就顯得無關重要。」生命這一概念所蘊含的意義，就在於一種知識的可能性，一種可以去觀察和反思宇宙性質的智能生物的可能性。無論人類是繼續存活下去，還是被其電子後代所取代，我們都將在宇宙自我知識的過程中發揮至為重要的作用。

詹姆斯並非人類中心主義者。他不認為人類是至高無上的生物，也不是世界萬物的頂峰和中心。蓋婭的概念隱含了這一點，並向那些懂得它的人清楚地表明，生物圈具有自己的生存價值，而其價值遠遠超出任何人文主義價值。這就相當明確了：如果生命和智能要完全電子化，那就這樣吧；我們已經發揮了自己的作用，而更新、更年輕的演員，已經出現在舞台上。

最後，談一下關於詹姆如何使用某些字詞。他更常使用 cosmos（可感知的宇宙）而不是 universe（客觀的宇宙）來表示「宇宙」這一概念。他用前者來表示我們所知或所看到的一切，而對後者所包涵的範疇，我們只知道一些，但對其餘的一無所知。（譯註：由於作者對這兩個詞的定

006

義不同，本書中，我們通常將 cosmos 譯為「宇宙」，而將 universe 譯為「客觀宇宙」。）他使用 cyborg（電子人）一詞，來指新星世的智能電子生物。該詞慣常的用法是指部分為肉身、部分為機器的實體，但是詹姆斯認為他在書中的用法是合理的，因為他所描繪的電子人將與有機生命一樣，都是達爾文選擇的產物。這就是我們與電子人所有的相同之處。我們可能是他們的父母，但他們不會是我們的孩子。

詹姆斯以一聲充滿了歉意的、帶有強烈修辭意味的歎息，為他最近的一封電子郵件收結——「現在看來已經綽綽有餘了。」在那一刻，對他來說或許已經足夠了。但是對於那個總是追求更多，我們也總能從他身上期待更多的詹姆斯·洛夫洛克來說，可能是永遠不夠的。

拜仁·艾普雅德
二〇一九年一月一日

Part 1

除了短暫的時刻之外，宇宙總體上對自身一無所知。當人類發展出了工具和思維，用以觀察和分析清朗夜空中那令人眼花繚亂的奇景時，宇宙才開始從漫長的無知中醒來。

第一部分

具備理解力的宇宙

我們是孤獨的

我們的宇宙已經有一百三十八億年歷史了。我們的行星形成於四十五億年前，而生命則始於三十七億年前。我們這個物種——智人——僅僅存在了三十餘萬年。哥白尼（Copernicus）、開普勒（Kepler）、伽利略（Galileo）和牛頓（Newton），也僅是在過去五百年間才出現的人物。所以，除了短暫的時刻之外，宇宙總體上對自身一無所知。當人類發展出了工具和思維，用以觀察和分析清朗夜空中那令人眼花繚亂的奇景時，宇宙才開始從漫長的無知中醒來。

或許這種覺醒，也出現在其他地方？大量且源源不絕的外星人文學和電影作品表明，我們確實認為如此。我們孤獨地處在一個可能包含兩萬億個星系的宇宙裏，而每個星系又包含一千億顆恆星，這一點確實讓人很難相信。有些人認為，在環繞這些恆星運行的千萬億顆行星中，至少有一顆肯定有機會曾經或現在仍然存在高度智能的物種。與我們一樣，他們會是宇宙的理解者，又或者他們的外星感官可以感知到截然不同的宇宙。

而我認為這高度不可能。上述宇宙物體的龐大數字

極具誤導性。通過自然選擇，人類的進化過程盲目摸索了三十七億年——幾乎是宇宙年齡的三分之一，方從最初的原始生命形式，演化成一種具備理解力的有機體。此外，如果太陽系的進化再多花十億年，那就沒有人類可以活著談論它了，我們將不會有時間獲得技術能力，來應對不斷增加的太陽熱量。從這個角度來看，很明顯，我們的宇宙縱然歷史悠久，卻還沒古老到足以令那些產生智能生命所需的、令人震驚且難以置信的連串事件，發生多於一次。我們的存在實為匪夷所思，只此一遭。

可是我們的行星如今已經老了。一個有趣的事實是，地球的壽命，比起我們自己的壽命更容易理解。我們還不了解為何人類甚少能活過一百一十年，而小老鼠則只能存活最多一年左右。這跟體型大小無關，有些小鳥的壽命與我們相當。相反而言，行星的壽命如何斷定頗為容易，可根據為其帶來溫暖的恆星之特性來判斷。

天文學家將我們的恆星太陽稱為主序星（main sequence star）。它賦予了我們生命，並使我們得以生存下來。它的溫暖和規律性，為我們在生活的眾多不確定因素中帶來安

慰。正如那位偉大而講真話的人物喬治‧奧威爾（George Orwell）所言：「原子彈正在工廠裏堆積，警察在城市中四處搜索，謊言從揚聲器裏持續播放，但地球仍然繞著太陽轉動……」

但是，這個出色的安慰者也具有致命性。主序星隨著年齡增長，也會慢慢地變得越來越亮。來自太陽的熱力不斷提升，威脅著我們行星的生命。迄今為止，我們一直受到我稱之為蓋婭（Gaia）的行星系統所保護，該系統可以冷卻地球表面。

有多種原因導致地球溫度攀升，變得不宜居住。如果沒有植被吸收二氧化碳，溫度無法降低到目前的水平。那樣的話，失控的溫室效應就會發生。在我們身邊，一直都能看到這個過程的證據。在炎熱的日子，如果將石板屋頂的溫度與附近黑色針葉樹的溫度進行比較，你會發現屋頂的溫度比要樹高出四十度。樹木可以通過蒸發水分來冷卻自己。同樣地，海面很清涼，那是因為海洋生物使其溫度保持在攝氏十五度以下。如果超過該數字的話，將會沒有海洋生物，那時陽光會被充分吸收，海水會持續變熱。

蓋婭必須繼續為地球降溫，因為後者已經老邁而脆弱。至今地球已經被生物佔據了約三十億年。人類隨著年齡增長，會逐漸變得更加脆弱，這一點我再了解不過了。蓋婭也是如此。現在，它的系統可能會因遭受一次震撼而被摧毀。而在從前的時代，它只會聳聳肩，不當一回事。

　　我相當確定，只有地球培育出了一種能夠了解宇宙的生物，但我同樣確定該生物的存在受到了威脅。我們乃是獨一無二、享有特殊待遇的存在，正因為這樣，我們應該珍惜每一個我們擁有認知能力的獨一無二的時刻。現在，我們應該更加珍惜這些時刻，因為我們作為宇宙主要理解者的至高無上的地位即將不保。

016

滅絕的邊緣

我並不是說我們所有人類都會在未來幾年內死亡──儘管那是有可能的。人類滅絕一直是迫在眉睫的風險。我們是非常脆弱的理解者，脆弱地依附於地球，我們唯一的家園。

小行星撞擊可能會破壞我們賴以生存的生物圈，就像六千五百萬年前結束了恐龍統治的那次一樣。月球和我們的姊妹行星──火星的表面，都佈滿了隕石坑，它們幾乎可以肯定是由隕石撞擊所造成的。所以我們有充分的理由相信，地球也遇到了同樣多的撞擊。但由於我們的行星表面有一層厚厚的水，隕石坑只能在陸地上顯露，而連綿不斷的雨水更把這些坑沖掉了。即使這樣，正如地質學家所做的一樣，如果你仔細檢查地球表面的岩石，就會發現大量撞擊的證據，其中一些甚至會留下直徑達兩百英里的隕石坑。

更具毀滅性的災難，會像二點五二億年前的火山噴發事件，它結束了二疊紀，並開始了三疊紀。人們認為這是由大量的岩漿流出所引起的，其後果是形成了我們現在所稱的「西伯利亞陷阱」（Siberian Traps）。該事件通常被

稱為「大死亡」（Great Dying），也就是百分之九十的海洋物種以及百分之七十的陸地生物被消滅。直到三千萬年之後，生態系統才得以恢復。

那是很久以前的事了，但我們現在仍然沒有理由沾沾自喜。僅僅在七萬四千年前，形成了印尼多峇湖（Lake Toba）的那次巨大的火山爆發過後，火山冬季（volcanic winter）蔓延全球，人類數量大幅減少，甚至可能減少至數千人。甚至在一八一五年，也是在印尼，坦波拉火山（Mount Tambora）的爆發使天空變得黑暗沉沉，並降低了整個行星的溫度。據說這種黑暗激發了許多作家的靈感，包括瑪麗‧雪萊（Mary Shelley）的小說《科學怪人》（Frankenstein）和拜倫勳爵（Lord Byron）那令人心寒的詩歌〈黑暗〉（Darkness）。後者以此來結尾：「在凝滯的空氣裏風也萎靡，／雲霧消逝；／黑暗無需／他們的襄助——因她就是宇宙自己。」詩人瞥見了我們所在的宇宙的脆弱性。如果再有一場這樣的災難，即使它不能將我們從地球上完全抹去，也可能讓我們的文明告終，使我們返回石器時代。那時，了解宇宙就不會是我們的

020

優先事項了。

這樣的風險其中一些可以被減輕。基於我們的理解能力，我們早已擁有可以用來偏轉威脅地球的小行星的火箭和核子武器。迄今為止我們還不至於使用相同的武器摧毀自己（儘管可能只是暫時的），我們應該為此感到自豪。如果我們所有國家共同決意製造攜帶了能夠偏轉小行星軌道的組件的火箭彈，那麼，有史以來第一次，太陽系的行星——地球，將進化出能夠感知大型岩石在太空中飛馳，並主動去製造一次致命碰撞的能力。而且不僅如此，它將主動進化出偏離自身的危險軌道以實施自救的方法和能力。從宇宙的角度來看，這是一個非常重要的發展。

但並非所有的生存計劃都像那樣充滿希望。有一個關於人類生存的真正瘋狂的想法，經常出現在媒體和冒險家的腦海中。這就是，如果地球上的生命有被終結的危險，那麼火星可以成為人類的避難所。這種想法推測，火星的表面似乎與撒哈拉沙漠（Saharan deserts）或澳大利亞沙漠（Australian deserts）的表面並沒有太大不同。人們所需要

做的就是鑽探到含水層，就像在美國鳳凰城（Phoenix）或拉斯維加斯（Las Vegas）所做的那樣。然後，我們就可以過著充滿娛樂的火星生活，那裏佈滿了賭場、高爾夫球場和游泳池。

不幸的是，無人駕駛火星探測器告訴我們一件事，火星沙漠對所有可能的地球生命形式，都是完全不利的。那裏的大氣層比珠穆朗瑪峰的山頂要薄上約一百倍，它無法抵禦宇宙輻射或太陽的紫外線輻射。火星稀薄的空氣含有百分之九十九的二氧化碳，完全無法呼吸。這顆行星上有水的痕跡，但它與死海的海水一樣鹹，不能飲用。偉大的開拓者和未來的太空人埃隆·馬斯克（Elon Musk）曾表示，他想死在火星上——當然不是指被撞擊致死。但火星上的條件表明，因撞擊而死亡可能是更好的死法。

也許火星可以為那些超級富豪提供隱居處所，他們可以將一半的財富自願花在去那裏旅遊上。剩下的錢，則可以用來建設和維持一個小小的不可能從中逃脫的生命囊。相比之下，事實上，讓他們在南極洲的冰蓋上建造自己的牢房都將遠不及那麼殘酷。至少南極的空氣是

022

可以呼吸的。

在不了解地球真實狀態的情況下計劃此類冒險活動，似乎是極其不正常的。希望找到一些微小的火星綠洲，並不能證明其巨大的花費是合理的，特別是當僅花費火星探索費用的一小部分用於地球研究，就可以提供有關地球的關鍵數據時。我們永遠不應忘記，這是我們賴以生存的星球，雖然有關地球的訊息比起來自火星的消息不夠激動人心，但也許可以確保我們的生存。

那麼，我們需要了解地球的什麼訊息才能確保對宇宙的了解能夠持續？我們需要專注於熱量，這是對我們的家園和生存最緊迫和最可能的威脅。

我將在本書的下一部分對此進行更詳細的討論，但在此我需要指出幾點。近年來，我們發現了成千上萬的「系外行星」，即太陽系以外的行星。這引起了極大的興奮──不僅在天文學家中。許多人開始猜測，我們可能正處於找到智能有機外星生命跡象的邊緣。但是我懷疑他們太人類中心主義了。首先，對於外星尋覓者而言，將受有機生命管制的行星與受電子生命管制的行星區分開，是

相當重要的。後者將由前者演變而來，亦是本書的主題。任何比我們還先進的文明都很可能是電子文明，因此尋找長著碩大的頭部、巨大而傾斜的眼睛的小型生物是毫無意義的。

然後是這些系外行星的溫度問題。特別令人興奮的發現是，其中一些位於「宜居區域」內。宜居區域有時被稱為「金髮姑娘區」（Goldilocks Zone）：就像金髮姑娘的粥一樣，恰到好處，不太熱也不太冷。〔譯註：這源於著名童話故事《金髮姑娘和三隻熊》（Goldilocks and The Three Bears），講述的是一個名叫 Goldilocks 的小女孩闖入三隻熊的家裏，喝掉他們的粥，還睡在他們的床上的故事。〕一個「金髮姑娘」行星將會距離恆星以適當距離，能夠支撐生命——既不會離恆星很遠，以至於成為冰雪世界；也不會離恆星很近，以至於被熱力斷種。

就像我以前說的，我認為系外行星上沒有智能生物。但讓我們假設一下，如果他們正在做我們正在做的事情，即正在太陽系的宜居區域中尋找包含生命的行星，那麼，那些外星天文學家會拒絕水星和金星，因為它們顯然太靠

024

近太陽了。但他們也會拒絕地球，因為距離也太近。他們將得出結論，火星是唯一的競爭者。

地球吸收和散發的熱量如此之大，以致根本無法將其歸類為宜居區域。觀察太陽系的外星天文學家將不得不懷疑，與金星相比，我們的行星表面溫度是不正常的。從外太空看，地球的有效溫度比金星更熱，而不是更冷，而地球比金星離太陽的距離要高出百分之三十。地球的有效溫度很高，是因為與金星相比，我們的大氣層僅包含微量的二氧化碳。為了與太陽保持熱平衡，地球必須輻射更多的熱能，並且它必須以長波紅外線的形式輻射熱能。這會使鄰近太空的高層大氣變熱，但以同樣的方式，卻可使地球表面保持涼快。

我認為「宜居區域」這一概念是有缺陷的，因為它忽略了包含生命的行星會像我們的地球一樣，傾向於以有利於生命的方式改變其環境和氣候的可能性。由於人們錯誤地認為地球當前的環境僅是地質事件的結果，因此可能浪費了大量時間在尋找其他星球的生命上。事實是，地球環境已經進行了大規模的自我調整以維持可居住性。正是地

球上的生命，控制著太陽的熱量。如果地球上的生命完全消滅，地球將無法居住，因為它將變得太熱。

因此，我們是由自己的恆星——太陽製造的，它為生命提供能量，但是我們也受到它的威脅。這顆恆星是一顆完全普通的、略小的中年宇宙實體，是一顆有五十億年歷史的主序星。太陽模型向我們展示了它是如何通過在其內部的超白熾區域（ultra-incandescent regions）中將氧氫聚變成氦氧，來保持高溫的。但是，就像在氧氣中燃燒煤炭會產生二氧化碳一樣，氫氣發生聚變後也會產生氦氣，而二氧化碳和氦氣都是溫室氣體：前者暖化地球，後者暖化太陽。這會使太陽的內部區域變得更熱，從而增加聚變速度。更多的熱量會使太陽體積膨脹，它從更大的表面積中散發出更多的熱量並使地球暖化。它將持續增加熱量輸出，直到在五十億年時間之內，成為一顆紅巨星，並慢慢吸收地球和太陽系的內部行星。

到目前為止，太陽變熱的速度一直很慢，足以使生命不斷進化——這一進化過程花了數百萬年。不幸的是，太陽現在已經太熱了，無法使地球上的有機生命得到進一

步的進化。並且，我們的恆星發出的熱量太大，以至於生命無法重頭開始進化，就像四十億到二十五億年前的太古宙時期，從簡單化學物質開始進化那樣。也就是說如果地球上的生命被消滅，將不會重新開始。

但這些都不是眼前的問題。真正的威脅是，雖然就目前而言太陽仍然穩定，但它正在逐漸散發更多的熱量。實際上，在過去的三十五億年中，其輻射的熱量增長了百分之二十。這本應足以將地球的表面溫度提高到攝氏五十度，並產生對這個行星造成斷種的失控溫室效應，但這些並沒有發生。可以肯定的是，雖然我們已經經歷過炎熱時期和冰河時期，但是整個地球表面的平均溫度，與當前的攝氏十五度相比，其上下變化似乎不超過攝氏五度。

這是蓋婭的功勞。在希臘神話中，蓋婭是希臘的地球女神，在小說家威廉‧高爾丁（William Golding）的建議下，我用她來為我五十年前發展起來的理論命名。該理論是講，從一開始，生命就一直致力於改變其環境。由於這是一個複雜的多維過程，因此不容易完全解釋。但是，我可以通過簡單的電腦模擬來說明它是如何運作的。這就是

所謂的「雛菊世界」（Daisyworld），我與大氣科學家安德魯・屈臣（Andrew Watson）於一九八三年共同發表的電腦模型。

在該模型中，像太陽這樣的主序星，會逐漸暖化這顆「雛菊世界」行星，直到其溫度足以使一種黑色雛菊在整個行星表面定居。黑色雛菊會吸收熱量，因此它們會在這種低溫下茁壯成長。但是，有些突變的白色雛菊會反射熱量，並且隨著溫度的進一步升高，它們也開始蓬勃生長。因此「雛菊世界」由白色雛菊冷卻，而由黑色雛菊暖化。一朵簡單的花，就能調節和穩定行星規模的環境。補充一下，這種穩定是一種嚴格的達爾文式的自然選擇過程。

若放大此模型以涵蓋地球上的所有動植物，你便能了解我所稱為蓋婭的系統。實際上，由於這個系統太複雜，複雜到我們遠遠無法完全理解它，我們無法真正將其擴展開來。也許它很難理解，是因為我們是其中不可或缺的一部分。而且，我懷疑，是因為我們過分依賴語言和邏輯思維，而沒有足夠重視對理解世界具有重要作

用的直覺思維。

　　簡而言之，由於好些力量遠遠超出了我們的控制，人類隨時可能滅絕。但是我們可以通過學習思考來進行自救。

03

學習思考

蓋婭不易解釋，因為它是一個只有靠內心持有的直覺，和基本無意識的訊息才能喚起的概念。這與科學家所偏愛的靠逐步推進的邏輯便可直接領會的概念完全不同。動態的自我調節系統完全違背了逐步論證的邏輯解釋。因此，我無法為你提供關於蓋婭的合乎邏輯的解釋。然而，對我來說，它存在的證據確實非常有力。你能在我的書和論文中找到詳細的證據。

　　我經常因提出蓋婭理論、表明整個地球是一個單一生物體這一學術建議而遭受批評。儘管對我來說，這個理論在直覺上便是正確的。一個反對該理論的論點是，地球不可能是生物，因為它無法繁殖。我對此的回答是，一個擁有四十億年歷史的有機體根本不需要繁殖。也許我還要說，如果那些實際上並不存在的外星人看到一顆反小行星火箭從地球大氣層中冒出，他們可能會合理地得出結論：它是由行星本身所發射的。他們想的並沒有錯，因為正是整個系統——蓋婭——產生了那枚火箭。但是若他們認為，與恆星過於接近、地球輻射出熱量就表明地球不可能產生生命，則是錯誤的。這種熱量的輻射就是蓋婭的大

作。是它將多餘的熱量抽到太空中去，以保存地球上的生命。為了它，我們必須改變自己的思維方式。

當我還年輕的時候，我接受了傳統的科學觀點，即宇宙是一個純粹的因果關係的直接系統。A 導致了 B，然後 B 引起了 C。我那時對蓋婭的關注還很不足夠。但是「A 導致了 B」的思維方式是一維且線性的，而現實是多維並且非線性的。人們只需要思考一下自己的生活，就可以知道將一切都解釋為因果關係的簡單線性過程，是多麼荒謬的事情。

也有一些基礎工程的例子。以詹姆斯·瓦特（James Watt）在十九世紀發明的蒸汽機調速器為例。那是一種控制火車頭速度的方案。調速器由一根垂直鋼軸組成，該軸由主驅動力的一小部分帶動旋轉，然後延伸出一對黃銅球。鋼軸的旋轉速度越快，它們散佈得越開。同時，鋼軸的旋轉運動又被設置為，當快速旋轉時將關閉閥門，而該閥門設定了通向發動機的蒸汽量。對於任何一個給定的設置而言，無論發動機是上坡還是下坡，這個簡單的系統都將保持穩定，並保持一個恆定的速度。這意味著，司機可

032

以設置一個恆定的速度，並讓調速器一直保持下去。

你可能會認為這雖然很簡單、很明晰、很聰明，但也不過如此。那請你再想一下。這種調速器的工作方式，連十九世紀最偉大的物理學家詹姆斯‧C‧麥斯威（James Clerk Maxwell）都沒有能力解釋。他向皇家學會（Royal Society）報告說，他三個晚上睡不著，試圖解釋那是如何運作的，但是都失敗了。

因此，那種可以追溯到亞里斯多德（Aristotle）的純粹、簡潔、線性的邏輯，抑或那種在科學和人類事務中扮演基礎作用的邏輯，完全無法解釋諸如蒸汽機調速器之類的簡單系統。不僅如此，那種經典邏輯同樣無法解釋動物或蓋婭的溫度調節方式。

我認為我們犯的錯誤是繼續進行經典推理。我們之所以犯了這個錯誤，是由於語言的性質（無論是口語還是書面），以及人類思維的挑剔傾向。我們知道，我們的朋友和戀人都是完整的人。在不同時間去單獨考察他們的肝臟、皮膚和血液，以了解其特殊功能或出於醫學目的，這似乎是明智的，但是我們認識的人不僅僅是這些部分的

033

總和。

正如我所看到的，語言的邏輯問題，在於它以線性方式逐步推進。這對於解決本質上是靜態的問題是很好的，對我們很有幫助，並且使邏輯學家——例如弗雷格（Frege）、羅素（Russell）、維特根斯坦（Wittgenstein）和波普爾（Popper）——對我們的世界提供了可理解的解釋。

現在，當我回想起我與西方世界的進化生物學家關於蓋婭的長期論爭時，他們似乎是出於不同的目的在辯論。從一開始，我就將蓋婭視為一個動態系統。我本能地知道不能用線性邏輯術語去解釋這種系統，但是我不知道為甚麼。我有這種直覺大概是因為我對動態運行的科學儀器非常熟悉。同樣重要的是，我於一九四一年開始在英國國家醫學研究所（National Institute for Medical Research）生理學系工作。在這裏，科學家均是系統科學家。這樣，我的年輕思維就將動態系統的非線性思維方式視為是理所當然的。

蓋婭假說的確是英語世界中大多數地球和生命科學家所不能接受的，而歐洲科學家則持開放態度。著名的瑞典

034

科學家伯特‧波林（Bert Bolin）和歐洲地球物理聯盟的其他成員，確保了同行評審不會阻礙我在一九七二年瑞典期刊 *Tellus* 上發表有關蓋婭假說的第一篇詳細論文。最近，傑出的法國學者布魯諾‧拉圖爾（Bruno Latour）支持蓋婭假說，並將其視為伽利略的觀點的自然繼承者——伽利略將太陽系解釋為一個由岩石組成、並圍繞太陽旋轉的行星的集合。在拉圖爾看來，行星的相似性是非常重要的，而在蓋婭版本中，地球與其他行星的非凡差異，使它與眾不同。

　　幾乎沒有例外，圍繞蓋婭的爭論充滿了紳士風度。對於科學辯論，我們通常會各自保留不同意見。重要的是，請注意，如果我依靠捐款來支撐我的研究，那是不可能完成的。實際上，包括我的收入和出差旅費在內的所有費用，均來自為政府服務和相關行業解決技術問題而收到的款項。學術界幾乎到處都表現得很溫和，就像伽利略時代的教堂一樣。我感到異常的是，那麼多的優秀科學家本應以努力用經典邏輯解釋那些費解事物的方式來「刁難」自己，並以此為樂的，但卻沒有。但是，隨後卻有大量的牧

師選擇這樣做。

正如牛頓很久以前發現的那樣，邏輯思維不適用於動態系統以及那些隨著時間的流逝會發生變化的事物。很簡單，你不能通過因果邏輯解釋活著的事物的運作。我們大多數人，尤其是婦女，一直都知道這一點。

牛頓在十七世紀的時候就完成了他的發現，當時他的工作環境——劍橋三一學院（Trinity College Cambridge），沉浸在古典思想當中。明智地，他偽裝並改變了動態系統的邏輯，並將其轉換成他稱之為「微積分」（calculus）的事物。從那時起，其他有數學天賦的科學家就向牛頓致敬，並提出了似乎可以從另外的角度分析那些難懂的動力學系統的學術轉變。

我不禁想到了現在正從事量子電腦或其他量子理論實際應用的奇妙工作的物理學家，例如工程師和生理學家。他們是否會憑直覺認識到，儘管他們所生產和創造的奇蹟是真實存在的，但卻無法解釋？他們最多能做的只是描述他們。

我還想知道，牛頓、伽利略、拉普拉斯（Laplace）、

傅里葉（Fourier）、龐加萊（Poincaré）、普朗克（Planck）和其他許多人的偉大頭腦，是否是以類似於大教堂建造者的方式直觀地進行思考。這些建造者當中沒有人擁有計算尺來計算承重柱的微妙平衡，讓它堅固到可以屹立幾個世紀，而且還很漂亮。下次當你越過一英里長的懸索橋或在四萬英尺的高空飛行時，請記住，用於設計橋樑或飛機的數學是不合邏輯的。工程師所做的就是使用光榮的欺騙手段（honourable deceit）。它似乎是在解釋系統的工作原理，但實際上它最多不過是在描述它而已。

我也運用了這一光榮的欺騙手段，使生態系統的非邏輯數學成為可能，但到目前為止，幾乎沒有人使用過它。一九九二年，我在皇家學會的《哲學彙刊》（*Philosophical Transactions*）上發表了一篇基於那個偉大的生物物理學家阿爾弗雷德·洛特卡（Alfred Lotka）的猜想的論文。他提出，與預期相反，如果將物理環境包括在內，則更容易對許多物種的生態系統進行建模。這是一個非常蓋婭式的結論。

在口語和書寫出現之前，我們和所有其他動物一樣，

037

都憑直覺思考。想像一下，在鄉間漫步時，你出乎意料地來到了懸崖的邊緣，那麼高又那麼陡峭，以至於再進一步將必然導致死亡。如果發生這種情況，你的大腦會早於你對情況進行分析，在幾毫秒內不自覺地意識到危險，你所有進一步向前的運動均會被抑制。最近的測量表明，這種本能反應會在識別危險後的四十毫秒內起作用，它在你意識到前面有懸崖之前，就已經發生了。換句話說，你是憑直覺而得救的，而不是因為理性的、關於跌倒危險的有意識的想法而得救。當開始貶低直覺時，人類文明就發生了糟糕的轉向。沒有它，我們會死的。正如愛因斯坦（Einstein）所說：「直覺的頭腦是神聖的恩賜，理性的頭腦是忠實的僕人。我們創建了一個社會，表彰了僕人而忘記了恩賜。」

這種現象可能是因為女性的見解被拒絕而發生的。第一批男人將他們不喜歡的想法稱為「純粹的女性直覺」是多久以前的事情？我懷疑這是發生在我們從狩獵和聚居轉移到居住在城市的時候。它當然被嵌入到古希臘哲學中。蘇格拉底（Socrates）說，「在城牆外沒有什麼有趣的事發

038

生」。這似乎對城市生活有益，但這是以更加看重有意識的思考、辯論和說理，而非更看重本能為代價的。有意識的辯論，使蘇格拉底失去了生命。

因此，無意識的大腦可以在四十毫秒內感知到危險，這對於有意識的感知而言太短了。不僅如此，在無意識的思想碎片中，竟還有時間讓大腦的直覺部分去計劃並執行一個肌肉反應。我們就是這樣進化出能夠逃避更快、更強大的捕食者的能力的。

科學永遠不是確定的或精確的。我們所能做的，最多就是根據其可能性來表達我們的知識。我們必須了解我們仍然是原始動物。關於我們的客觀宇宙，有大量可理解的部分有待發現，但是未知的、可能更大數量的部分是無法解釋的，並且我們將永遠無法理解它們，就像今天這樣。

由於對確定性的強烈渴望——這可能是在我們的狩獵、採集階段發展起來的，我們收集到的有關我們的世界和客觀宇宙的訊息，可能會被我們的信仰——或者更近期一些，我們的政治理念——的色彩所掩蓋。但我認為這無關緊要，因為隨著我們變得越來越有智慧，我們很容

易區分寶石與包裹它的泥土。

　　沒有什麼比實際並不存在的行星——火神星（Vulcan）的「發明」，更能清楚地說明因果邏輯的誤導性了。在十九世紀初期，水星的軌道與太陽系其他行星的軌道相比是異常的。如果軌道偏差被認為是正確的，則意味著牛頓的行星運動定律是錯誤的。科學家沒有接受如此令人不安的可能性，而是發明了火神星，並將其置於接近太陽的假想軌道中，並賦予其質量，其引力足以解決水星軌道的偏離。

　　近一個世紀後，愛因斯坦提出，水星軌道的偏離是太陽巨大的質量導致時空相對扭曲的結果。從此，天文學家仍然接受牛頓定律，但也認識到它們不能在高重力區域給出全部的答案。

　　如果僅從字面上考慮因果邏輯，可能會發生錯誤，而這就是一個行星規模的錯誤的例子。正是因為想到了火神星，我才在日落後沿著多塞特郡（Dorset）海岸漫步時，向西眺望大海。此刻太陽位於西方地平線的清晰邊界之下，天空變得越來越黑，那水星在地平線附近閃爍的景象使我浮想聯翩。這是在北緯五十二度的一場非常罕見的

040

景象。我在想，是否假想的火神星是真實的？是否有人會看到它？或者它始終隱藏在太陽的光輝中？我們處在所處之地，我們只能看到可以被看到的東西。但是，因為有直覺，我們現在所能了解的，遠遠超出了所能見到的。

04

為何我們在這兒

在道格拉斯‧亞當斯（Douglas Adams）的《銀河系漫遊指南》（*Hitchhiker's Guide to the Galaxy*）中，海豚足夠聰明，可以在地球被摧毀之前離開地球。牠們向人類傳遞的訊息是：「這麼長時間了，感謝所有的魚。」像所有最好的笑話一樣，這句話也行之有效，因為它給我們帶來一種不安的感覺，以至於它可能不只是個玩笑。我們知道鯨魚、八爪魚和黑猩猩很聰明，但是牠們是怎麼思考的？牠們如何利用自己的智力？也許像前面的海豚一樣，牠們只是將我們視為一個雜亂無章、愚蠢透頂的物種，基本只在提供食物方面有點用處。

亞當斯通過讓海豚意識到即將對地球造成的威脅並能夠離開，而使這種感覺更加生動。我不會對海豚的智力評價很高。對我來說，很清楚，無論其他智能生物多麼聰明，人類智能的顯著特徵是我們用它來分析、推測世界和宇宙，並在人類世做出具有行星意義的改變。就像我說過的那樣，我相信只有我們做到這一點，只有我們才是宇宙喚醒自我認知的方式。

因此，人類滅絕不僅對人類是個壞消息，對宇宙也將

是個壞消息。假設我是對的，宇宙中沒有擁有智能的外星人，那麼地球上生命的終結將意味著所有認識和理解的終結，具備理解力的宇宙將會滅亡。

在這一點上，我需要回溯到一九三〇年代的學生時代。那時，對於大多數英國人來說，信仰上帝是很正常的。在較早的時期，宗教成為生活的一部分，許多人認為上帝使人類成為特殊的選民。現在，上帝不再具有至高無上的地位了，我們是否仍將自己視為被選中的物種？

可能不會，但是我會。也許是因為我被教育成一個貴格會信徒（Quaker），所以我對宗教沒有純字面意義上的觀點——即我接受宗教的許多智慧，但不一定接受故事的真實性。我現在認為，「上帝選民」這種對人類的宗教式看法，可能表達了關於宇宙的深刻真理。這種想法首先受到兩位宇宙學家約翰·巴羅（John Barrow）和弗蘭克·蒂普勒（Frank Tipler）於一九八六年出版的《人類宇宙學原理》（*The Anthropic Cosmological Principle*）一書的啟發。

巴羅和蒂普勒的書的第一個影響，是讓我對因果關係的科學原理產生懷疑。後來，這使我意識到我從來沒有真

044

正做過科學家，我一直都是個工程師罷了。我發明的所有儀器都是基於工程原理的——我經常帶著一種「這些原理可能是正確的」的信念去建造那些儀器，因為我可以科學地證明它們。工程師是從實際世界出發的，而不是從科學原理出發。一九六一年，當我收到美國太空總署（NASA）的一封信時，就發生了這種情況。他們邀請我「參加第一次考查任務。……預定在兩年後進行月球軟著陸」。他們要我幫助製作氣相色譜儀，它必須儘可能小。我立馬就知道我可以做到，雖然還不知道怎麼做。

這本書的第二個影響是讓我認為，我們確實可能是被選中的。巴羅和蒂普勒是從人類原則入手的，這聽起來像是一種純粹的哲學論證，但實際上它對科學有重大的影響。它以最基本的形式說出一些內容，這些內容經反思後似乎是顯而易見的。那就是，在試圖描述宇宙時，我們必須首先假設它必須是能夠產生像我們這樣的有思考能力的生物的那種宇宙。換句話說，我們不能提出一種理論，即宇宙太年輕或完全由輻射組成，或者說地球從未存在過。我們的理論受到「我們在想像」這個事實的限制。

因此，如果我們渴望獲得真理，那麼我們關於宇宙的一切言論，都不能反駁能說出這些言論的有思考能力的生物的存在。例如，我們知道宇宙必須存在一百萬年以上，因為它要比智能生物的進化耗費更長的時間。這意味著我們的存在本身，限制了我們對宇宙的看法。這是有爭議的，因為有人認為這是一份非常平庸的聲明，對於我們的認知無所進益。我不同意這點。

巴羅和蒂普勒比這走得更遠。當我們觀察宇宙時，我們發現它似乎已被精細地調校過，以使人類產生。有許多物理常數，只要其中任何一個略有不同，我們即不會存在。也許我們就是這樣驚人地幸運，是大量非凡巧合的產物。但這並不能構成任何解釋。

對此的一種回應是說，一定是上帝造出了如此宜人的條件。除此之外，還有什麼可以解釋這些規避了所有科學解釋的東西呢？或者，我們可以像許多人一樣辯解說存在多個客觀宇宙，而我們顯然處在一個可以出現智能生命的世界中。這也沒有什麼神奇的，這種「多宇宙」理論曾被用來解釋量子理論的奧秘。十億個宇宙中有一個被設定為

046

能產生生命，這毫不奇怪，其他的宇宙則在無知與未知中繼續前進。但在我看來，這不過是一張「免罪金牌」，因為它既無法被證明，也無法被證偽。

但是巴羅和蒂普勒提供了第三種選擇。也許訊息是客觀宇宙的先天屬性，因此，有意識的生物必須存在。這樣，我們就真正成為被選中的人——即幫助宇宙解釋自己的工具。

那麼我們能說宇宙的目的，就是創造和維持智能生命嗎？這無異於一種宗教言論——不是在我所不相信的故事的意義上，而是在我所相信的深度事實的意義上。捷克斯洛伐克以及後來的捷克共和國的傑出領袖瓦茨拉夫·哈維爾（Václav Havel）在二○○三年獲得費城自由獎時表示，宇宙人類原則和蓋婭理論是兩個為未來指明可能的方向的假說。這種聯繫是正確的，而且是非常真實的。

我發現，思考從宇宙大爆炸起源開始，我們的客觀宇宙如何形成的這一過程，是如此的動人心魄。首先是早期恆星和星系從輕元素（light elements）中誕生；此後數十億年，隨著恆星系統不斷演進，其行星上逐漸合併並最

047

終形成最初的活體細胞，生命的元素慢慢累積；然後，又過了四十億年，偶然性和必要性帶來了動物的進化，最終更導致人類的進化。事情能以不同的情形發生嗎？不能──根據巴羅和蒂普勒的說法。而我們可能只是整個宇宙獲得意識的過程的開端。

我認為，新無神論者和他們的世俗追隨者所犯的錯誤是，他們扔掉了帶著神聖浴水的真相之子（baby of truth with the bathwater of myth）。由於不喜歡宗教，他們看不到真理的內在核心。我認為我們是被選中的族類，但不是上帝或某個機構直接選擇的，而是說，我們乃是被自然選擇的物種──被選中作為智能生命。

在這一點上，我們有可能會被捲入到圍繞量子理論的準神學討論中。量子理論是一個很小的世界，其奧秘激發了許多相互競爭的解釋。巴羅和蒂普勒提出的宇宙人類原理，可能是迄今為止設計最複雜的宗教概念。但是我們不需要走太遠就可以接受我們確實被選中的想法。這使我們有理由感到自豪，但不是充滿傲慢，因為我們的地位承擔著巨大的責任。想像一下我們是像第一個光合作用者那

048

樣重要的物種吧。那些原始的單細胞生物，不知不覺中發現了如何利用陽光中的能量，來生產其子代所需的食物；與此同時，將含有魔力的氣體——氧氣（雖然對許多有機物來說是致命的）釋放給它們所處的世界。沒有它們，地球上將沒有生命。我認為我們作為一個物種的出現，與三十億年前那些捕光者（light-harvesters）的出現一樣重要。

我們可以收集陽光並利用其能量來捕獲和存儲訊息，這是可以引以為傲且感到喜悅的。正如我將在後文解釋的，這些訊息也是客觀宇宙的基本所有物。但這要求我們明智地使用這些恩賜。我們必須確保地球上所有生命的持續進化，以便我們能夠面對不可避免地威脅著我們和蓋婭的不斷增長的危害。蓋婭是一個由所有生命和地球各個部分組成的強大系統。

在所有從太陽能氾濫中受益的物種當中，只有我們人類是能夠將光子流轉化為訊息片段的物種，這些訊息以有利於進化的方式收集，從而推動了我們自身的進化。而我們得到的獎賞，就是獲得了了解客觀宇宙和我們自己的一些東西的機會。

05

新的理解者

但是，如前所述，作為宇宙的唯一理解者，我們的統治正在迅速結束。但我們不應該為此憂心。剛剛開始的訊息革命可以被理解為是地球培養理解者的過程的延續，而這種理解者將導致宇宙自我認識。此刻的革命性在於，未來的理解者將不是人類，而是機器──我選擇將其稱為「電子人」。這些機器將根據我們已經構建的人工智能系統進行自我設計和建造。這些機器將很快變得成千上萬，更比我們聰明幾百萬倍。

　　cyborg一詞由文佛・克朗安斯（Manfred Clynes）和彌敦・克朗安（Nathan Kline）於一九六〇年創造。它指的是一種控馭學（cybernetic）的有機生物：一種像我們一樣自給自足，但由工程材料製成的有機生物。我喜歡這個詞及其定義，因為它可以適用於各種大小──從微生物（micro-organism）到厚皮動物（pachyderm）、從微型芯片到公共巴士的任何事物。現在這個詞通常用來表述部分肉體、部分機器的實體。我在這裏使用它，則是想強調，新的智能生物將像我們一樣，從達爾文主義的進化中產生。首先，他們不會與我們分開。實際上，他們將成為我們的

051

後代，因為事實證明我們製造的種種系統，正是他們的前身。

　　我們不必憂心，是因為至少在最初階段，這些無機生物將需要我們和整個有機世界繼續調節氣候，保持地球涼快，以抵禦太陽的熱量，並保護我們免受未來災難的最嚴重影響。我們不會陷入科幻小說中經常描述的人與機器相互戰爭的狀態，因為我們彼此需要。蓋婭將會維持和平。

　　這就是我所說的新星世。我敢肯定有一天人們會選擇一個更合適的名稱，使之更具想像力，但現在我會繼續使用「新星世」來描述什麼可能是我們星球、乃至宇宙歷史上最關鍵的時期之一。

　　在探討新星世之前，我需要描述一下我們如何穿過之前的時代來達到這一時刻。在之前的那個時代，人類──被選定的物種──開發了技術，使他們能夠直接干預整個星球的過程和結構。在那個火的時代，我們學會了利用所捕獲的、來自遙遠過去的太陽光。那就是人們所熟知的人類世。

052

Part 2

人類世——也就是火的時代——即人類獲得大規模改變物理世界的力量的時代。那個時代的偉大主題是：人類在整個星球上的統治地位。

第二部分

火的時代

湯瑪斯・紐科門

紐科門（Thomas Newcomen）於一六六三年出生在德文郡（Devon）的達特茅斯（Dartmouth），並於一七二九年在倫敦去世。《紀事月報》（*Monthly Chronicle*）上他的屍檢記錄指出，他是「那台以火抽水（raising water by fire）的驚人機器的唯一發明者」。儘管他確實是這樣，但「驚人」一詞在向來輕描淡寫的英文中有點過頭了，換成「改變世界的」應該更準確一些。

湯瑪斯・紐科門的生平鮮為人知。他是浸信會的傳道人，也是鐵匠和工程師，儘管他沒有受過這樣的教育。有一個故事說，他與偉大的科學家羅伯特・胡克（Robert Hooke）保持著通訊，但事實可能並非如此。這並不是說他需要胡克的幫助。他是一個務實派而非理論派，當時他要解決一個非常實際的問題：要找到一種方法，從地下開採更多的煤。

在十七世紀末和十八世紀初的歐洲，人口的增長、民族國家的形成和隨後的戰爭，導致對原材料（尤其是木材）的需求不斷增加。它們被大規模地用於造船（在十八世紀初，一艘軍艦的建造可以消耗四千棵樹木）及煉鐵。森林

059

的枯竭速度快於其再生的速度。作為燃料，煤炭的熱量明顯高於木材，前者是後者的十倍，但是其生產受到礦井淹浸的限制。對於稍後躍升為全球超級大國的英國來說，這是一個迫切的問題。

通過引入工程師來推動變革，首先成為英國的全球戰略。隨後所有國家都在做了。紐科門所做的只是建造一台蒸汽動力抽水機。它燃燒煤炭，利用產生的熱量將水煮沸成蒸汽，然後將它放入帶有可移動活塞的氣缸中。活塞上升，將附近溪流中的冷水噴入氣缸中；蒸汽凝結，壓力下降，活塞移回其初始位置。在此過程中活塞進行了大量工作，並清除了礦坑裏的積水。這種「大氣蒸汽機」並非第一台蒸汽機，但它是那個時代最好的蒸汽機，其後代為十九世紀的鐵路發動機提供動力。而就我的觀點來看，它的實際用途沒有其產生的影響那麼重要。

這台小小的發動機無疑發動了工業革命。這是地球上任何形式的生命，首次有目的地利用太陽光的能量獲取可用的機械動力，並且是以有利可圖的方式來獲取。這確保了該種生命的成長和繁殖。你可能會說，風車和帆船利用

060

風來驅動自身時，所做的事情是相同的。而紐科門發動機出現的特別意義在於，它可以隨時隨地使用，並且不受天氣變化的影響。於是它傳播到世界各地。我認為，紐科門的發明不僅應被稱為工業革命的開始，而且應被稱為人類世的開始。人類世——也就是火的時代——即人類獲得大規模改變物理世界的力量的時代。

人類以前也曾製造過機器，但這是一種全新的類型。紐科門的機器可以在無人操作的情況下運行。這不完全是首創，例如從最早的漏壺計時器（水鐘）開始，鐘錶便是無人操作的，它被認為可以追溯到六千年前。但是，紐科門的發動機功能強大得多，能對物理世界造成大規模改變。它首先被安裝在格里夫（Griff）的一個礦山中，那是沃里克郡（Warwickshire）達德利（Dudley）以南的一個小村莊。到一七三三年，即紐科門去世四年後，他所發明的一百二十五台發動機被安裝在英國和歐洲的大多數重要礦區。

紐科門只是使煤炭和能源變得更容易取得。他的蒸汽抽水機使人們得以利用至今依然難以取得的化石燃料。在此

之前，我們這個物種所能利用的能量，基本上就是落在地球表面的太陽光。這包括鎖定在樹木和植物中的能量。經過數百萬年，植物材料化為煤炭。兩億多年前的樹木捕獲了太陽能，並將其轉化為以氧和木材形式存在的化學勢能。變成化石後，木材成為煤炭。燃燒它將釋放出古老的、被集中和儲存起來的太陽能——也就是蘊藏在這些黑色石塊之內的數百萬年的太陽光。

在這一點上，我想強調指出，人類世的進化——已極大地改變了地球——是由市場力量推動的。如果使用紐科門的蒸汽機沒有任何經濟利益，我們可能仍然停留在十七世紀的世界。紐科門發動機的重要特徵是它的盈利能力。僅憑發動機的概念還不足以確保它的增長。它的重大意義——無論是好是壞——都是因為它作為機械動力來源，比人力或馬力便宜。

062

一個新時代

這是轉折點，一個新時代的開始。它在適當的時候，引發了地震性的社會劇變。工業革命是一個同時帶來巨大的財富和貧困的時代。之所以造成貧困，是因為以前可以通過出售自己的勞動力來養活自己和家人的勞動者，因這種新的廉價勞動力的出現而變得貧窮。之所以能帶來財富，是因為這些新的人造勞動力可以生產比人類更多的東西。

儘管「工業革命」一詞足夠準確，但它既沒有抓住那個時刻的偉大意義，也沒有涵蓋那個時代的整個過程。我認為更好的名字是人類世，因為它覆蓋了從紐科門安裝蒸汽抽水機到現在的整個三百年，它抓住了那個時代的偉大主題：人類在整個星球上的統治地位。

人類世這個詞是由生態學家尤金・斯托默（Eugene Stoermer）在一九八〇年代初創造的，他在將加拿大和美國分開的五大湖（Great Lakes）地區工作。他創造這個詞，是用來描述工業污染對湖泊野生動植物的影響。這是又一個在人類世中，人類活動可能會產生全球影響的標誌。

我對這一洞見的貢獻是在一九七三年。在一九五〇年

065

代後期，我利用非線性、直觀的視角，發明了一種被稱為電子捕獲探測器（electron capture detector, ECD）的設備。該設備通過將線性直流信號轉換為頻率來運作，其所探測到的物質數量直接顯示為頻率。電子捕獲探測器能夠檢測幾乎無限少量的化學成分。一九七一年，我拿了其中一台前往南大西洋，發現了大氣中有氟氯烴（CFCs）的痕跡。這些化學物質被廣泛使用於冰箱等物件。製造商想否認自己對全球環境有任何影響，特別是大氣中臭氧含量的減少。而我的發現表明各類氟氯烴已經遍及全球。於是，它們首先受到管制，後來被禁止。

分析化學提供了證據，表明我們已進入一個人類的發明或創新可能會影響全球的人類世。關於這個時代何時開始，存在不少爭議。有些人認為應始於很久之前的智人首次出現，而另一些人則認為應始於最近的一九四五年第一次原子彈爆炸。目前，它甚至還沒有被普遍接受為是一個地質時代。許多人堅持認為，我們仍處在始於一萬一千五百年前最後一個冰河時期結束時的全新世時期，在此之前是經歷了二百四十萬年的更新世，在此之前是上新

066

世（二百七十萬年）和中新世（一千八百萬年）。每個時代持續的年數似乎一直在上升，直到追溯到大爆炸時，數字突然變小：被稱為大統一時代（the Grand Unification）的宇宙的第一紀元，在大爆炸後 10^{-43} 秒開始，一直持續到 10^{-36} 秒。如果我們接受「人類世」的概念──我認為我們應該接受，那麼時間將會再次縮短。在我看來，新星世可能只持續一百年，但我們稍後再討論這一點。

對我而言，確定一個新的地質時期的定義的關鍵，是人類首次開始將儲存的太陽能轉化為有用的機械動力時發生的根本變化。這使得人類世成為地球處理太陽能的第二階段。在第一階段，光合作用的化學過程，使生物能夠將太陽光轉化為化學能。第三階段將是新星世，將太陽能轉換為訊息。

但是，如果你確實需要更多證據來表明人類世確實是一個新時代，那麼首先請環顧四周，看看那些不斷擴張的城市，看看那些道路、遍佈辦公室和住宅單位的玻璃建築、發電站、汽車和貨車、工廠以及機場。或者看看從太空中所見的地球的夜景圖，它宛如點點繁星，閃

067

閃發光，美輪美奐。其次，你應該閱讀一下吉爾伯特‧懷特（Gilbert White）的《塞爾伯恩自然史》（*The Natural History of Selborne*），以了解我們已經走了多遠。懷特是漢普郡（Hampshire）塞爾伯恩村（Selborne）的教堂的助理牧師。他是天才的觀察者和作家——他曾將燕子在捕捉蒼蠅時喙中的聲音，與懷錶外殼關閉時的聲音進行了比較。這本書出版於一七八九年——人類世的力量日漸明顯之前。對於那些想知道這個瞬息萬變的新時代成為常態之前，世界到底是什麼模樣的人來說，這是一本必讀之作。懷特是一位多才多藝的科學家。和我一樣，他會自己製作儀器，並利用它們對自然環境進行了精確的觀察。

他的書既是對自然世界的熱心觀察，也是今天仍然有用的科學著作。例如，他記錄了一七八三年的酷熱、陰冷和濃霧。這是由於冰島拉基火山（Laki volcano）的噴發引起的，該火山噴發了大量的灰塵和硫磺氣體，這些氣體與空氣反應形成硫酸氣溶膠（aerosols of sulphuric acid）。現在，氣候學家可以通過拉基火山的噴發來檢驗其實驗預測的可靠性——就像它是實驗的擾動因素一樣，並觀察它

068

與塞爾伯恩的氣候變化的吻合程度。

從懷特的塞爾伯恩到今天人口超過三千萬的特大城市，這不僅是發展，而且是世界的一種爆炸性轉變，地球上生命的緊張程度更是大大增加。現在這樣的事情以前從未發生過。人類世的概念可能尚未被正式認可，但是，這是我們古老星球悠久歷史上的最重要時期。

加速

後來，懷特的書被視為描繪了一個我們已經失去、如今只能為之歎息的世界。懷特出生於一七二〇年，當時距紐科門安裝他的第一個蒸汽抽水機已經過去八年；並去世於一七九三年，當時人類世正在接近他所讚美及記錄的世界。然後，在一八二五年，斯托克頓（Stockton）和達靈頓（Darlington）鐵路的通車正式開啟了新時代。此後，鐵路迅速在全世界擴張。十九世紀人類世的故事就是圍繞鐵路的全球擴張而展開的。如今已成為世界主要工業經濟體的中國，第一條鐵路始建於一八七六年，到一九一一年鐵路總長達九千公里。

　　鐵路的出現，引來人類世的另一個重要主題：加速。人類世開始後不久，我們就變得像男孩賽車手一樣，被加速的力量所迷惑。我們致力於研製加速器已有三百年的歷史，現在正在接近一個僅靠電子、機械和生物製品便可獨自運行地球系統的時代。

　　以往的技術並沒有影響人類運動的速度，拿破崙的軍隊行動並不比凱撒大帝來得快。從火車發明開始，其速度就穩步提高，一直達到今天的每小時二百英里和將來的磁

071

懸浮列車的每小時四百英里。不僅如此，它們還使大量以前依靠雙腳走路或者——如果富有的話——使用馬匹代步的人能夠快速移動。試想一下一條鐵路線被修建在幽深鄉下的一個村莊附近的情景吧。自從第一輛火車出現，積累了數百年的、關於這個世界以及自己生活運作模式的當地經驗和智慧，就被徹底顛覆。

偉大的浪漫主義詩人威廉·華茲華斯（William Wordsworth）比大多數人更為清楚和痛苦地觀察到這個世界正在發生的事情。他的十四行詩〈關於肯德爾和溫德米爾鐵路計劃〉（On the Projected Kendal and Windermere Railway）如此開首：

> 那時英國的基礎還不穩妥
>
> 是否因為魯莽攻擊？退出計劃種下了
>
> 在青年時期，忙碌的世界保持純淨
>
> 當他們最早的希望之花被吹走時，
>
> 必須滅亡；——他們如何忍受這種枯萎？

072

人類世甚至對文學天才的渴望都不能容忍。

　　除火車外，人類世的進步遠遠超出了華茲華斯在他最激烈的噩夢中所能想像的內容。軍用飛機現在可以以兩倍於音速的速度飛行，而火箭則達到每小時兩萬五千英里的速度——即逃離地球引力場所需的速度。但是，最為改變世界的速度是民用飛機。雖然其時速僅為五百至六百英里，但由於其在全球範圍內運送著巨量的人，從而擴展了文化的同質化進程和新時代的全球影響力，故其影響力是最大的。

　　這種發展預示著加速的另一種形式，人類世帶來了一種快速進化的新手段。從其祖先——蜥蜴開始進化算起，到海鳥獲得優美飛行的能力，歷經了逾五千萬年。與此相比，如今的客機是由僅僅一百年前才開始試飛的繩袋雙翼飛機（string-bag biplanes）演變而來的。這種智能的、有目的的選擇，似乎比自然選擇快一百萬倍。通過對自然選擇的超越，我們彷彿已經成為巫師的學徒。

　　但是，對於現今出生的這一代人而言，最重要的加速形式是電子化。一九六五年，矽芯片製造商英特爾（Intel）的聯合創始人戈登·摩爾（Gordon Moore）發表了一篇著

名的論文，他預測，每年可以安裝在集成電路上的晶體管數量將成倍增長。這被稱為「摩爾定律」，意味著矽芯片的處理速度和容量將呈指數級增加。

如果做一些微調——如將成倍增長的時間修正為兩年或略多一點，摩爾就會被證明是正確的，他所預測的成倍增長至少持續了四十年。如果你認為每隔兩年翻一倍的速度不是那麼快，那麼請你再想一下，因為這意味著二十年內增長一千倍，八十年內增長一萬億倍。有人說，當我們達到矽的物理極限時，該過程將會停止。這可能是正確的，但將來芯片可能會基於碳（而不是矽），而鑽石芯片的速度將超出我們現在所能想像的任何事物。

074

戰爭

可悲的是，人類世的力量在戰爭中得到最有力地展現。隨著我們創造的新機器越來越精巧，這個時代已經充滿越來越多的流血衝突。正如哲學家和歷史學家劉易斯‧芒福德（Lewis Mumford）所指出的：「戰爭是完全機械化社會的至高無上的戲劇。」

在一七〇〇年以前，戰爭足夠殘酷，但那主要是由人口和一定數量的火藥提供動力。而一八六一年至一八六五年的美國內戰，造成了超過一百萬人喪生，這是（除了人口和火藥）亦由人類世的產物提供動力的首次戰爭。理察‧加特林（Richard Gatling）發明的速射「旋轉式自動機關槍」，是未來所有機槍的先驅，最初就是在這場衝突中所使用的。塹壕戰也日益成熟，這是武器速度和範圍不斷增加的產物。這個策略導致了第一次世界大戰的慘烈屠殺。

然後是空中力量。空軍的出現，拓展了作戰線，將整個國家及被動員的平民作為合法攻擊目標。一九三七年四月，希特勒的德國空軍為支持佛朗哥的法西斯分子，對格爾尼卡（Guernica）進行了猛烈的轟炸。這清楚地表明，

在人類世的戰爭中，沒有非戰鬥人員。

如果里奧·西拉德（Leo Szilard）比現實中早十年穿過倫敦的某個道路，那麼整個嚴峻的歷史將更加糟糕。西拉德是匈牙利猶太裔物理學家，在一九三三年希特勒上台後移居倫敦。那年九月十二日上午，他走下路緣，越過南安普敦街（Southampton Row）。當他那樣做時，根據歷史學家理察·羅德斯（Richard Rhodes）的說法，「在他面前，時間已經裂開，他看到了通往未來的道路……即將到來的事物的形狀」。他已經看到了產生核鏈鎖反應的可能性。他已經看到了核能，但也看到了原子彈。如果那是一九二三年而不是一九三三年，那麼第二次世界大戰將是使用核武器進行的。戰爭可能會短得多，也會更致命。

結果，又過了十二年，核武器才被製造出來。只有廣島和長崎遭受了核襲擊，隨後的核爆炸都是試驗。一九六一年，蘇聯的沙皇炸彈（Tsar Bomba）達到可怕的極限，這是一種重達五千萬噸（50 megaton）的核聚變武器，如果在盛怒中被使用的話，它能完全摧毀一座大城市及其附近地區。這些試驗的污染是如此之大，以至於直到

078

六十年後的今天，其對我們身體所產生的輻射，對於法醫科學家確定死亡時間還是有用的。

在沙皇炸彈試爆的那一年，在強力核武器方面的軍備競賽達到了荒唐的危險狀態。在那個邪惡的時期，太平洋和北冰洋的島嶼上引爆了約五億噸核爆炸物。這相當於三萬枚廣島的原子彈的非屏蔽爆炸（unshielded explosion）。這簡直是精神錯亂。

我永遠不會忘記站在已經打開以供檢查的核導彈彈頭旁邊的情景。它所配有的三枚炸彈都用明亮的鋁箔覆蓋著，每枚都小得可以握在手裏。它們的建造目標是，其中任何一枚都可以摧毀像倫敦一樣大的城市。每枚的破壞力都比七十二年前在廣島爆炸的核彈大六十倍。哪個政客或戰爭領袖敢於發射一個？就目前而言，這似乎是最終極的罪行。

從廣島和長崎核爆以後的七十四年內，戰爭中再也沒有使用過這種武器，我們可以對此感到安慰。可能它們的存在已經足以阻止大戰了吧，其徹底的破壞性已經產生了能夠切斷人類世與戰爭之間的連結的良性影響。

太空旅行和武器開發方面的技術勝利，幾乎是盲目進行的。包括我在內的許多太空科學家，都沒有意識到自己同時也是武器系統的關鍵部分。我知道至少在美國是這樣，因為我花了很多時間在加州的噴氣推進實驗室，與火箭科學家一起工作。在那裏工作的大多數人都在改善太空飛行器的導航和運動控制，他們幾乎完全只是在思考它們在探索太陽系中的作用。我們很少談論或考慮，我們所做的很多事情，對於將核武器引導到目標也至關重要。儘管沒有直接的了解，但我不禁想到，俄羅斯科學家和工程師的腦子裏或許也發生了類似的「分離」。

從格爾尼卡對平民的攻擊開始，人們越來越意識到戰爭本質上是邪惡的。在工業提供致命武器之前，戰爭就已經發生了，但其強度被限制在我們大腦能力範圍之內，且主要由我們的肌肉來提供力量。它當然可能是致命的，但是我們以某種方式接受了它，作為我們自然的一部分。但是我們現在不會願意接受塹壕戰或核戰爭的恐怖。現在，正如歷史學家勞倫斯·弗里德曼爵士（Sir Lawrence Freedman）所指出的那樣，我們不再追求意識形態、領

080

土、政治或榮耀之戰，我們承認的唯一合法性乃是痛苦的終結——雖然這話有些矛盾。目前正值人類世即將終結之時，國家之間的戰爭已經退出歷史。

　　也許是不斷增長的戰爭力量，使我們愚蠢地討厭核能。人類世始於我們利用碳和氧中存儲的能量來發電的時候。但這是一種不可持續的能源，現在我們必須暫時使用核能，直到我們可以有效地收集太陽能，或找出使用幾乎無限量的核聚變能源的方法。

　　但是我們仍然排斥核能。我已經花了四十多年嘗試說服我的同事，與燃燒化石燃料相比，從超鈾元素（trans-uranic elements）中提取能量的風險微不足道，但是到目前為止，似乎沒有任何效果。我個人很容易相信年輕的一代，將擁有足夠的精力和新穎的想法來承擔這項任務，為我們提供安全和充足的能量。但是即使他們可以，我仍懷疑他們會被允許這樣做。所以，我不能放慢腳步，不去理會前方的山峰。我必須以某種方式繼續努力，直到人們被說服，明白我們目前的進程結果是災難性的。我並沒有誇大。掃一眼世界上任何新聞媒體，通常都會報道，新的化

石燃料被發現，這將使能源價格低廉，令人感到高興。我必須說服那些記者，如果發現的是充滿海洛因和可卡因的礦藏，情況就不能更糟了。我們可能是宇宙中唯一的高智力物種，但是我們抵制核能發電的行為，是一種自我滅絕。沒有什麼比這個更能清楚地證明我們智力的極限了。

我認為，即使是最保守的傳統宗教也無法否認，我們利用核能進行戰爭，就是犯下了根本性的罪惡。科學的誤用，無疑是最大的罪惡形式。

082

城
市

城市是人類世最壯觀的發展成果。過去很少有人居住在城市，但是現在世界人口的一半以上都在城市定居。在比較發達的地區，這一數字可能接近百分之九十。沒有任何現象比大城市更能生動地表達我們這個時代改變世界的力量了。大東京（三千八百萬），大上海（三千四百萬），大雅加達（三千一百萬）和大德里（兩千七百萬）地區的人口數量目前位居榜首，但數字一直在變化。這不僅是世界人口增長的結果，也是一個時代的自然結果——在這個時代，城市就業比農村更有利可圖且更容易獲取。

城市似乎很像昆蟲群落的發展，若從這個角度看，城市也很「自然」的。白蟻巢的塔樓與高聳在當代城市中的辦公室和住宅大廈之間，有明顯的相似之處。起初，我認為這種情況是令人沮喪的。這些人類巢穴，如同白蟻的塔樓一樣，通常都是令人讚歎的建築工程。但是對每隻白蟻來說，代價似乎太高了。曾經在平原上自由生活的個體工人，現在要花一生的時間來收集泥漿，將其與糞便混合，並將這些有臭味的的材料黏在巢壁的縫隙中，或牠們內設程序所指示的任何地方。類似於這樣的平等天堂，就是未

來城市生活的典範嗎？經過一棟現代辦公大樓時，你會很難忽略這個關於白蟻的類比：在玻璃盒子裏，每個人都在做著完全一樣的事情，只不過他們不是把糞便混在一起，而是緊盯著電腦屏幕。

偉大的生物學家愛德華‧O‧威爾遜（Edward O. Wilson）一生都在研究各種無脊椎動物、螞蟻和白蟻的令人好奇的秩序世界。超過一億年前，這些生物似乎是作為個體或小型群組漫遊的。與牠們共存的是飛行的無脊椎動物，馬蜂、黃蜂和各種蜜蜂的祖先，牠們有大有小，大多也是以個體生存。但隨著時間的流逝，這些動物大多形成了巢穴群落，其中一些巢穴的組織性非常好，以至於巢穴本身似乎具有獨立的生理構造。這樣，當外部溫度遠低於攝氏零度時，加拿大的蜜蜂巢穴卻可以保持攝氏三十五度的內部環境。

蜜蜂的巢穴與白蟻的巢穴不同，牠們的等級性更強。新孵化的蜜蜂似乎被賦予了枯燥的任務。其中一種就是負責呆在蜂巢的入口處，利用其翅膀扇動恆定的空氣流，這是蜂巢內設程序的一部分，目的是使居住者的溫度保持在

086

最宜居的溫度。幼蜂還承擔著餵養和撫育幼蟲這一相對容易的任務。隨著年齡的增長，牠們將承擔更有技術性的任務，例如防禦和修復牆壁上的漏洞。然後，隨著牠們的教育接近完成，牠們學會了覓食的基本知識——這是一項技術性的任務，尋找附近的食物來源，評估食物的數量和價值，然後飛回巢穴將這個新消息告知牠們的姐妹們。最後，最聰明的覓食者可能會被挑選去做最具挑戰性的任務，即為下一個巢穴尋找合適的地點。牠可以在兩公里半徑內的任何位置。

有一段時間，我愚蠢地相信蜜蜂那小小的大腦，永遠無法實現像人類社會的智慧這麼複雜的事情。但是我很快發現蜜蜂的語言比較複雜，牠們通過跳舞進行交流。最特別的是，人們已經見到過大黃蜂似乎在「踢足球」。

在無脊椎動物的世界中，白蟻的極權主義君主制似乎可以與蜜蜂的等級主義君主制穩定地共存。這可以看作是一個進化過程，就像人類從農村的狀態向城市變遷一樣。在無脊椎動物中，巢穴居住的觀念已經持續了一億年，我覺得這是很了不起的。螞蟻、白蟻、蜜蜂和黃蜂的這種進

化，是否可以作為我們人類的城市生活的生存模式？

實際上，該模型通常會引起厭惡，最常見的原因是城市生活常常被認為是一種缺失。湯瑪斯·傑佛遜（Thomas Jefferson）曾觀察到：「當我們像歐洲那樣在大城市中相互擁擠時，我們將變得像歐洲一樣腐敗。」他和許多人一樣清楚地感覺到，小城市的生活確實存在著某種真實、可靠而未墮落的東西，還有美麗的曠野和廣闊的空間感。

在流行文化中，城市經常被描繪成可怕的反烏托邦（dystopias）（譯註：即與烏托邦相反的極端惡劣的終極社會形態），就像它們經常也被描繪成無所束縛和令人興奮的地方一樣。人類情緒總是來回搖擺。城市曾經被視為環境災難區，而如今，人們已經認識到，與過去的郊區或農村相比，城市對化石燃料的使用效率更高。無論哪種看法，很明顯，城市集中體現了我們對人類世的感覺的模糊性。

城市是人類世改變我們這顆行星的力量的最顯著標誌。從衛星拍攝的地球夜景照片中，可以看到一團團群聚在一起的璀璨燈火，它們或點或線排列，閃閃發光。如果

088

假想中的外星人接近地球，他們將毫無疑問地認為，地球不僅具有生命，而且該生命已經發展到足以為下一階段的進化做好準備的地步。

這世界承受著太多的我們

從美國南北戰爭開始，到整個二十世紀，「大屠殺」（hemoclysms）或流血事件（blood-lettings）的現象頻繁出現、愈演愈烈，成為集體罪惡和憤怒的來源。此外還有其他來源：隨著人口的快速增長，人類殖民拓荒並污染了地球，導致物種減少；荒野破壞；全球暖化；城市恐懼症導致對城市生活的厭惡和焦慮。所有這些結合在一起，形成了一種普遍的信念，即認為人類世是一個錯誤的轉折，且我們已經偏離了世界的自然位置，自己將自己驅逐出了伊甸園。

人類世最偉大的批評者華茲華斯再次捕捉到了這種精神上的失落感、與自然的割捨感。

> 這世界承受著太多的我們；從過去到將來，
>
> 獲取與消耗，我們損毀了自己的力量；
>
> 我們在大自然中幾乎看不到屬於我們的東西；
>
> 我們已經迷失心竅，為了一點骯髒的蠅頭小利！

不那麼準確地說，這些情緒現在很普遍。許多人會隨

091

意地認為，人為改變自然環境是一件壞事，而人類世以前的世界，在生態上總是比現在來得好。的確，二〇一六年巴黎氣候變化會議，主要就是關於我們對地球系統造成的傷害，以及如果繼續這樣做會造成多麼嚴重的傷害的。

對於那些擁護和平的農村而不是動盪的城市的人們，我當然表示理解。我自己也是這樣做的。但我們應該知道那是怎麼發生的。我知道，認為污染是好事的想法令人髮指，但是在人的一生這個較短的時段內，英格蘭南部在我們短暫的間冰期（interglacial peried）內，一直是個美麗的地方，並且在某種程度上現在依然如此，而那也是污染的產物。在間冰期之內，大氣中的二氧化碳水平升高，正是這點為我家鄉帶來溫和的溫帶氣候。

如果我們將工業前的氣候看作是蓋婭的地質工程的有益成果，那麼回到過去似乎是理想的狀態。但我認為，間冰期並不是蓋婭所偏愛的狀態。對我而言，冰芯記錄（the ice core record）表明，該星球可能更喜歡連續冰川化的狀態。更坦率地說，蓋婭更喜歡涼快。一個涼快的地球擁有更多的生命。而由於地球百分之七十的表面是海洋，當溫

092

度升高攝氏十五度以上時，地球上將幾乎沒有生命。

如果將溫度相對於時間作圖，則會生成一個看起來令人不太滿意的鋸齒圖，溫度在熱週期和冷週期之時都會發生振盪。它給人的印象是，整個系統都在嘗試變冷，盡可能地變冷，但卻總是失敗。但它一直在嘗試。

因此，儘管我相信我們應該盡一切努力，使地球保持涼快，但我們必須記住，將二氧化碳水平降低到一百八十PPM（Parts Per Million，即百萬分率）——正如一些人所建議的那樣，可能不會導致工業化前的天堂，而是會導致新的冰河時期。這就是他們想要的嗎？到那時，北溫帶和南溫帶地區將幾乎沒有或完全沒有生物多樣性，而我們目前的文明將會在一萬英尺或更厚的冰層之下，幾乎不會繁衍。

對我們的成就感到內疚和邪惡的歷史源遠流長。它始於猶太教—基督教關於原罪（original sin）的概念，即人類天生是不完美的，我們已經從恩典中墮落了。而且，必須指出的是，我們的失敗，是由己身的知識而產生的。亞當和夏娃的故事被證明具有持久的影響力，尤其是對他

們的懲罰——從伊甸園中被驅逐。這促使了所有基督教派的教會人士警告說，永恆的痛苦是對我們天生邪惡的懲罰。這些警告無疑影響了我的童年。當原始宗教演變為自由政治和社會主義時，真是一種解脫。在挫折面前面對死亡，比無限燃燒的永恆之火更令人興奮。去留意比較溫和的環保主義制裁能否成功取代社會衝突的暴力，將會非常有趣。

094

熱浪威脅

儘管我們取得了許多成就，蓋婭也擁有良性控制系統，但我們仍然受到熱浪威脅。你會想我是指全球暖化吧？在某種程度上，我確實是這樣想的。我原來認為由二氧化碳排放引起的全球暖化，將很快對人類造成災難性的影響，蓋婭只會把我們這個令人討厭和具有破壞性的物種甩到一旁。後來，我認為我們可以在不久的將來控制熱量的增加，我們不應再將暖化視為直接的生存威脅。但是現在我相信，我們應該盡我們所能，為地球降溫。我不能十分肯定地說地球上最大的生命威脅是過熱。

　　我的觀點是，全球變暖確實是真實的，但科學家、政治家和綠黨目前預測的結果，不一定是我們最應該擔心的結果。全球暖化是一個緩慢的過程，令人極端不舒服的事件預示了其最嚴重的後果。我們最近經歷的極端天氣，只是即將發生的災難的溫和跡象。但是我認為我們有時間，並且應該花這些時間去冷卻地球，使其更堅固。

　　我之所以這樣說，是因為地球像我一樣，已經很老了。高齡可能會帶來智慧，也可能不會，但肯定會帶來脆弱。我寫這篇文字的時候是九十九歲。哈姆雷特（Hamlet）

曾哀歎「肉體所需要承受的痛苦」，但他是一個死於過分自省的年輕人。如果他活著，他會發現年輕人的疾病跟老人所承受的疾病相比，簡直不值一提。

行星與人類一樣，隨著年齡的增長而變得脆弱。如果一切順利，我和蓋婭可以期待一個富有成果的、令人愉悅的衰退期，但我們也可能會發生致命的事故。其他行星也是如此。我們的個人應變能力取決於個人的健康狀況。年輕時，我們通常可以抵禦流感或車禍，但當我們接近一百歲時，就再也沒有辦法抵擋了。同樣，年輕時，地球或蓋婭也可以承受超級火山爆發或小行星撞擊等衝擊，但當它變老時，其中任何一項都可能使整個星球斷種。溫暖的地球，將會是一個更脆弱的地球。

我們知道，地球在漫長的過去經受了近乎致命性的災難。有大量證據表明，大約兩百萬年前，一顆直徑約一公里的岩石在南太平洋發生了撞擊。其結果似乎是毀滅性的，但有趣的是，幾乎沒有跡象表明其對生物圈造成了長期破壞。但是，最近的研究表明，風險可能正在增加。研究月球隕石坑的科學家發現，在過去的二點九億年中，小

098

行星撞擊的次數急劇增加。令人驚訝的是，我們現在遭受撞擊的可能性，是恐龍時代的三倍。牠們只是非常不走運而已。

蓋婭過去可以承受這些並大步向前，但現在可以嗎？它已經在各次撞擊間的平靜期內努力地保持穩態（homeostasis）——即穩定的動態平衡狀態了。現在，一次小行星撞擊或火山噴發，都可以摧毀現在地球所承載的許多有機生命，而殘餘的倖存者可能無法恢復蓋婭。這樣，我們的星球將很快變得太熱，令人無法生存。

因此，除了氣候變暖外，還有其他一些問題比我們想像的更為嚴重，即我們沒有準備或無法準備的事故。對於一顆圍繞著中年恆星公轉的更老的行星而言，保持地球涼快是一項必要的安全措施。

熱量是我們必須密切關注我們這顆行星，而不是將更多考慮放在火星身上的原因。在太空總署所發射的奇妙的探測器不斷從火星收集證據的同時，我們對自己海洋的相對無知也正在增加。我暫時不會說太空總署的探索是不值得的，但是為什麼我們在收集有關自己行星的訊息方面做

得這麼少呢？我們的生命可能取決於對它的正確理解。

　　一九六九年，當太空人揭露從太空中觀看我們這顆行星的美麗時，大家感到震驚。亞瑟・C・克拉克（Arthur C. Clarke）是一個科幻小說作家兼發明家，他觀察到，在顯然大部分是海洋的情況下仍稱這顆行星為「地球」，乃是大錯特錯。儘管距今已有近五十年的歷史，但我們生活在一顆海洋星球上這一觀念才剛剛開始滲透到滿是灰塵的地質科學界。丟臉的是，我們對火星表面及其大氣的了解遠比對我們海洋的某些部分多得多。

　　這也是有風險的。在太陽之後，海洋是我們氣候的主要驅動力。海洋保持涼快對我們的生存至關重要。僅僅以一次典型的度假為例，就很容易理解這一點：在度假區，我們發現一片被清澈的水覆蓋著的燙熱沙灘，這片水域很誘人，但它是一個死亡區域。每當海洋表面溫度上升攝氏十五度以上時，海洋就會變成比撒哈拉沙漠更致命的荒寂之地。這是因為在溫度上升攝氏十五度時，海洋表層的營養物質會被迅速吃掉，而屍體和碎渣會沉入下面的區域。下部水域中有很多食物，但它們不能上升到地表，因為較

100

涼的下部海水比表層海水緻密。溫暖的水域缺乏生命，這解釋了為何它們總是碧藍且澄淨。

這很重要，因為正如從太空拍攝的照片所顯示的那樣，地球是顆水球，其表面的近四分之三被海洋覆蓋。陸地上的生命取決於某些基本元素的供應，例如硫、硒、碘和其他元素。目前，這些物質是由海洋表面生命以二甲基硫（dimethyl sulphide）和甲基碘（methyl iodide）之類的氣體形式提供的。由於海水變熱而造成海洋表面生命的損失，其後果將是災難性的。

如果海洋表面溫度上升到攝氏四十度，將對生命造成更嚴重的威脅，那時將發生由水蒸氣引起的失控溫室效應。像二氧化碳一樣，大氣中的水蒸氣會吸收向地球外射出的紅外輻射，這樣熱量便無法散逸至太空，地球冷卻便會受阻。大氣中高水平的水蒸氣會導致暖化，而這又會形成一個惡性循環：隨著海洋溫度繼續升高，海水蒸發也會加強，從而使大氣中的水分進一步增加。

在有關全球變暖的討論中，很少有人提及水蒸氣的作用。當我們通過燃燒化石燃料將二氧化碳排放到空氣中

時，二氧化碳會一直停留在那裏，直到被樹葉之類的物質清除。燃燒化石燃料還會將水蒸氣排在空氣中，與二氧化碳不同的是，水蒸氣在空氣足夠熱的情況下，會一直停留在空氣中。而在寒冷的冬季，甚至你的呼吸也會凝結成霧狀的雲。空氣中水蒸氣的含量僅隨溫度而變化。當水凝結成霧或雲滴時，它不再能發揮其溫室效應。在某些情況下，例如海面附近的雲層，其存在會通過將太陽光反射回太空而起到冷卻作用。但是高空的捲雲有增暖作用。總之，空氣中水蒸氣的存在使氣候預測工作變得非常複雜，這就很容易理解為什麼天氣預報人員有時會犯錯了。

我們可以通過避免燃燒任何形式的碳燃料，來幫助將空氣中的水蒸氣保持在一個較低含量。總的來說，我強烈認為，我們對能源的需求應被視為工程學和經濟學的實際問題，而不是政治問題。我同樣強烈地認為，滿足這些需求的最佳選擇是核裂變，或者如果可以廉價且實際地獲得的話，也可以是核聚變——也就是那個維持太陽熱量的過程。我們還應該密切注意，有一個極限溫度的存在。你可能已經注意到那個在二〇一八年異常炎熱的夏季

102

曾出現在世界天氣圖表上的數字了。當時的溫度是攝氏四十七度。對於人類來說，這大約還是一個可以生活的溫度——關於這一點你可以問問巴格達人民。可是，它已經接近我們的極限了。在二〇一九年一月的澳大利亞夏季，有五天平均溫度高於攝氏四十度，而奧古斯塔港（Port Augusta）則曾達到攝氏四十九點五度。

　　在一九四〇年代，作為戰時工作的一部分，我和我的同事奧雲・立特威爾（Owen Lidwell）通過實驗，測量了在多高的溫度下，皮膚細胞會因受熱而遭到不可挽回的損害。這意味著我們要燒灼被麻醉的兔子的皮膚。我覺得這個要求令人反感，所以我們決定燃燒自己的皮膚。為此，我們使用了由燃燒苯蒸氣而產生的大平面火焰（large, flat flame）。如你所料，感覺非常痛苦。接觸攝氏五十度的直徑為一厘米的銅棒，會在一分鐘內引起一級灼傷。更高的溫度下燒傷更加迅速，在攝氏六十度的溫度下，僅花費了一秒鐘。而在低於攝氏五十度的溫度下，五分鐘內都沒有燒傷。在對高溫的反應方面，人類皮膚細胞在主流生命中是非常典型的。確實，某些非常特殊的生命形式——我

們稱之為嗜極生物（extremophiles）——可以在最高攝氏一百二十度的溫度下生活，但與主流生命相比，牠們的生命能力和繁殖率極其低下。

〔順便說一句，當我們燒灼自己的皮膚時，研究所的霍金醫生對我們進行了觀察和照顧。他對我們承受痛苦的能力深感興趣，並邀請我同他及其家人在漢普斯特德（Hampstead）的家中共進晚餐。在那段傍晚時光中，他的太太——也是該研究所的一名科學家——問我，在她為晚餐做複雜的準備工作時，我可否幫忙抱下他們的新生嬰兒。那時我已經有兩個孩子了，我當然覺得沒問題，於是就在很短時間內將斯蒂芬‧霍金（Stephen Hawking）抱在懷裏。〕

高溫使我們脆弱。我們目前正處於冰期旋迴（glacial cycle）的溫暖時期，如果我們現在遭受一場災難（如小行星撞擊或超級火山噴發），導致地球無法抑制二氧化碳含量，那我們將處於致命的危險中。地球的平均溫度可能上升到攝氏四十七度，並且相對較快地，我們將進入一個不可逆的階段，逐漸走向猶如金星一般的狀態。正如

104

氣候學家詹姆斯‧漢森（James Hansen）所生動描述的那樣，如果我們不小心，我們將發現自己登上了「金星快車」（Venus Express）。

在達到這種不毛之地狀態的過程中，地球可能會經過一段時間，此時地表大氣是超臨界蒸汽（supercritical steam）。這種超臨界狀態很奇怪：它既不是氣體也不是液體。它與液體一樣，具有溶解固體的能力，但是也像氣體一樣沒有邊界。甚至岩石也會溶解在超臨界蒸汽中，並且當冷卻時，石英甚至寶石（如藍寶石）都會從溶液中結晶出來。

如果地球變得足夠熱，使海洋達到超臨界狀態，那麼玄武岩之類的岩石就會溶解並以氣體形式釋放出水氫（the hydrogen of water）。在此之前很久，空氣中的氧氣就會消失，在這種沒有氧氣的大氣中，氫氣會逃逸到太空，因為地球的重力不足以留住氫原子。確實，氫氣現在也會逸出，但由於存在氧氣，氧原子就像安全警衛一樣，會在其試圖逃離地球時捕捉到氫原子。

因此攝氏四十七度設定了一個海洋星球上 —— 就

105

像地球這樣──任何種類生命的極限。一旦超過這個溫度，就算是矽基（silicon-based）的智能生物，都將面臨一個不可能生存的環境。甚至海底都可能進入超臨界狀態。在岩漿出現的地方，岩石和超臨界狀態下的蒸汽之間將無法區分。

蓋婭系統在將二氧化碳含量降低到一百八十PPM──這是一萬八千年前的水平──方面所取得的顯著成就，我們應該感到驚訝和感激。現在是四百PPM，並且還在上升，其中化石燃料的燃燒要為這種上升負一半的責任。

不要忘記，沒有生命的話，二氧化碳含量將比現在豐富得多。如果你想知道生命將二氧化碳放到何處，請參觀一下典型的白堊懸崖（chalk cliff），例如蘇塞克斯（Sussex）比奇角（Beachy Head）的懸崖。如果你通過顯微鏡看白堊土，你會發現它是由緊密壓製的碳酸鈣外殼製成的。這些是曾經生活在海面附近的顆石藻（coccolithophores）的骨骼。而且，地球表面上到處都有大量的石灰岩層。如果在相對較近的地質時間裏，這些源自生物的二氧化碳儲集層

106

以氣體的形式返回到大氣中，那麼我們就會像金星一樣，成為一個熾熱、死亡的星球。

即使這樣，在可想像的將來，地球的整個表面仍不可能達到攝氏四十七度這樣的溫度。當前的平均溫度約為攝氏十五度。但是可以想像，由於存在一種惡性循環的話，特別是極地冰蓋融化和永凍土釋放出甲烷，一個適當的全球溫度，比如攝氏三十度，可能會成為進一步加速變暖的臨界點。與許多氣候科學一樣，我們還不了解它們。

清楚的是，我們不應該像大多數人在大多數時間所做的那樣，簡單地假設地球是一個穩定而永久的地方，其溫度始終在我們可以安全生存的範圍內。例如，大約在五千五百萬年前，發生了一次古新世／始新世極熱事件（the Palaeocene / Eocene Thermal Maximum）。那時出現了一段溫暖期，溫度比目前水平高出約五度時。像鱷魚這樣的動物生活在現在的極地海洋區域，整個地球都是熱帶地區。有一段時間我在想，如果我們能夠承受住這種溫度上升，那麼為什麼氣候學家說僅僅兩度的溫度上升就太麻煩了，我們應該不惜一切代價避免呢？不僅如此，在新加坡

107

這樣的地方，人們全年都在比平均溫度高十二度以上的高溫中享受生活。但是我錯了。

正是在思考小行星撞擊和其他事故的後果之中，我明白了為什麼地球需要保持涼快。是的，也許我們可以承受五度甚至十度的溫度升高，但是如果系統失能了，就比如發生了一場嚴重的小行星撞擊事件〔二疊紀大滅絕（Permian extinction）就被認為是由此造成的〕，那麼，我們就無法承受了。它也可能通過過去曾發生過的一場毀滅性火山爆發發生。因此，我現在認為，我們目前為應對全球變暖所做的努力至關重要。我們需要保持地球儘可能涼快，以確保地球在面對破壞蓋婭冷卻機制的突發事故時，不至於那麼脆弱。

108

是好還是壞？

關於人類世是好是壞，目前存在著激烈的辯論。正如我曾經展示的，關於它有害的證據是非常有力的──地球暖化並因此變得脆弱、更具致命性和破壞性的戰爭、物種損失等。其中大部分可以歸因於人口的飛速增長。紐科門首次製造蒸汽機時，世界人口約為七億，而現在是七十七億，是原來的十倍多，預計到二〇五〇年更會接近一百億。

但是，你也可能會說，有更多的人類、更繁盛的人類文明是件好事。也許它確實是好事。環保主義者馬克‧萊納斯（Mark Lynas）認為，狩獵者和採集者每個人都需要十平方公里的土地，而時至今日，英格蘭每平方公里可容納四百人口。如果英格蘭的人口不得不恢復狩獵採集，他們將需要的土地面積是北美洲的二十倍。萊納斯的觀點並不是負面的。他相信人類世可能是人類美好的時代。他的《生態現代主義者宣言》（Ecomodernist Manifesto）寫道：「作為學者、科學家、活動家和公民，我們堅信知識和技術與智慧相結合，可能會造就美好甚至偉大的人類世。一個良好的人類世，要求人類利用其不斷發展的社會、經濟

和技術力量來改善人們的生活，穩定氣候並保護自然世界。」

對於「人類世很壞」的信徒們來說，這是瘋狂的。他們將這種生態現代主義視為一種人文主義迷信。他們聲稱，就像過去的宗教一樣，這是安撫人民的一種方式，這種觀點會阻止人們採取行動拯救地球，使其免遭全球資本主義的破壞。澳大利亞公共倫理學教授克萊夫·漢密爾頓（Clive Hamilton）寫道：「對於傾向於抗議該系統的受害者來說，新時代的華麗許諾使人們陷入沉默的忍受。『人類世很好』的觀點傳達給現在和將來正因人類活動造成的乾旱、洪水和熱浪而受苦的人們的訊息是：你正在為更大的利益而受苦；如果可以的話，我們將幫助你減輕痛苦，但是你的痛苦是合理的。」

在這種解釋中，生態現代主義成為解釋在這個由慈愛上帝所創造的世界中確實有邪惡存在的一種論據。在這種情況下，上帝代表進步，邪惡則代表存在於世界上的貧窮和痛苦，直到取得了足夠的進步，貧窮和痛苦才能被消除。正如宗教人士在我們的生活中會為更多的神明辯護一

112

樣，生態現代主義者也在更多的進步而辯護。

這些論點本身很有趣，但是漢密爾頓的言辭清楚地表明了，他們有多沉迷於政治當中。對於漢密爾頓和其他許多人而言，生態現代主義者正在從事全球資本主義的骯髒工作。對於萊納斯和其他「人類世很好」的信奉者而言，他們的對手就像十九世紀初的盧德主義者（Luddites）一樣，通過砸碎機器來防止它們摧毀自己的工作。

以上只是一個複雜論證的簡單總結，其中有許多細微差別。反對者並不排斥所有進步，而贊成者也承認通往優良人類世的道路上存在風險，但它畫出了論證的整體框架。在分析這些論證的過程中，我發現比起反對者，自己更接近生態現代主義者。

反對者的第一個問題是他們同樣非常依賴具有宗教色彩的觀點。他們對人類世之前的美好時光的期盼是一種幻想。這首先是因為世界上沒有毫無貧窮和痛苦的黃金時代；其次是因為要回到那個時代，你就必須展現所有現代文明的顯著成就。所有這些都被政治包裹著，正如基督教的一部分演變成社會主義一樣，當代左翼政治也趨向於演

113

變成綠色宗教。而用信念代替事實，並不能解決環境災難的威脅。

但事實是什麼？首先，我們必須將人類世視為人類有權做出全球重大決定的時期，氟氯烴的使用及隨後被禁止使用就是其中之一。這些決定可能是錯誤的，會帶來意想不到的後果，但是關鍵在於我們有能力做出決定。

其次，我們必須放棄人類世是對自然的重大罪行的觀念，這種觀念是帶有政治和意識形態色彩的。從某種程度上來說，這種觀念是可以理解的，因為紐科門發動機或核電廠，確實沒有看起來或表現得像斑馬或橡樹一樣自然無害。它們在各個方面上都似乎與那些自然事物完全不同。然而事實是，儘管與機械事物有關，但人類世最終是地球生命的結果。它是進化的產物，它是自然的表達。「留下最多後代的有機體，即是被選中的物種」這一說法常常用以表述自然選擇的進化。蒸汽機肯定算是多產的，其繼任者也是如此——它們通過詹姆斯·瓦特等發明家的改良而迅速發展。這個過程不斷推進，便成為工業革命。這個過程帶給我們一個世紀的技術和科學榮耀。

114

當然，通過人類的技術進步，人類世為那些只能依靠自己體力養活自己的人，帶來了殘酷的競爭。我們當前的文明作出了對生態有害的選擇，這也是事實。但是我相信，地球就像是一個活著的生理系統，在這種系統中，好的變化往往也伴隨著弊端。在過去的三百年中，我們對地球的環境作出了巨大的改變。其中有些——例如對自然生態系統的無情破壞——無疑是不好的。但是，發明天才邁克爾·法拉第（Michael Faraday）的出現，讓我們擁有廣泛的電力供應，從而大大延長了預期壽命，減輕了貧困，令教育得以普及，也令我們的生活變得更輕鬆——這又該如何理解呢？現在，我們大多數人都將資訊科技、航空旅行和現代醫學的恩賜視為理所當然。但是，讓我們想想一百年前我出生的時候，當時正值第一次世界大戰剛剛結束。那時還沒有電力照明（富人除外），沒有汽車或電話，沒有收音機或電視，也沒有抗生素。在上鏈的舊式留聲機上可以播放蟲膠唱片，以喇叭作為揚聲器，但也僅此而已。悠然嚮往在樹木和草地之間的鄉村生活很不錯，但這並不意味著我們應該拒絕使我們的生活變得更美好的

115

醫院、學校和洗衣機。

因此，考慮到蓋婭對我們的要求，我想在這裏提出一些有關現代環境問題的人類世末期的思考。

綠黨所犯下的錯誤源於他們出於政治動機的簡單化傾向，他們似乎拒絕了人類世所帶給我們的一切美好事物。我們必須永遠記住，蓋婭完全是關乎制約和後果的。在氟氯烴方面尤其如此。綠黨說，在有任何可用的替代品出現之前便應該禁止氟氯烴，這將意味著將不再有冰箱。

當前的反對塑膠運動，有一種類似的要麼全有要麼全無的態度。在大多數情況下，塑膠是堅固、輕便、透明、與電絕緣的材料。它們大多數是由石油工業的副產品碳化合物製成的。如果沒有這些材料、或具有類似特性的材料，現代文明將更加艱困，而且昂貴得多。塑膠是諸如眼鏡、窗戶的光學鏡片之類東西的基礎，甚至是任何需要透明或電絕緣的東西的基礎。它們還具有金屬或陶瓷所缺乏的有趣的機械性能，例如巨大的彈性。

真正的環境問題不是塑膠本身，而是我們未能規管塑膠作為用完即棄的包裝材料的使用。因此，它們的使用應

116

該加以限制，但與此同時，使它們自動分解為水和二氧化碳應該不難實現，我們應該尋求這樣的技術。但是，綠黨在反對塑膠時，似乎對改變或消除其有害屬性的嘗試毫無興趣。

我們所有人都有的一種更深的反對意見是，我們尚未找到可以廣泛傳播的替代包裝方法。但是，值得注意的是，塑膠如果作為燃料去燃燒，而不是沉積在垃圾堆裏的話，其實對環境是更有益的，因為它們不易分解並釋放出致命的溫室氣體甲烷，而如果使用木材或紙張來代替塑膠的話，這種情況就會發生。

使用汽油或柴油等碳化合物作為燃料完全不妥當，因為這會加速地球大氣變熱。這些做法之所以繼續，是因為擁有石油燃料的人握有政治權力。這些燃料的燃燒應儘快停止。

我認為重新恢復荒野、恢復森林是有意義的，但它們應該自然發生。從我的個人經驗中，我知道，人工植樹造林從來不是可替代的辦法，它甚至可能是有害的。

正如我曾說過的，就能源發電而言，我認為風能和太

117

陽能無法替代高效且精心設計的發電站所產生的核能。

　　以上這些想法應該可以安撫那些嚴厲批評這個時代的觀點，並為那些主張「人類世很好」的觀點提供一些支持。

118

一聲歡呼

因此，我關於人類世的最後的話是一聲歡呼——那是一種基於我們對這個世界、這個時代所產生的宇宙的認識極大擴展而產生的喜悅。我發現能在一個可以逐漸了解蓋婭的時代生活，實在是太好了，而且我很榮幸能夠生活在一個對科學研究和工程學推崇備至的時代中。

正是我們可以全面了解地球及其在太陽系這個自然系統中的位置這一事實，導致了完全和平的結果。我們對地球知識的擴展——比如我們可以從太空觀察地球——極大地促使我們開始思考氣候變化的有害後果，特別是由於地表污染和大氣污染不斷增加所引起的那些變化。

人類世（特別是在末期）也產生了可用資訊的巨幅增長。這對於使用手機或造訪網站的任何人來說，都是顯而易見的。這種資訊氾濫現象在幾年前根本無法想像。

人類世始於人類通過開採煤炭來捕獲太陽能之時，而現在，人類則在收集相同的能源，利用其能量來擷取和存儲訊息。正如我所說的，訊息是客觀宇宙的基本屬性。我們對訊息的掌握應該足以讓我們感到自豪，但是我們必須明智地使用這份恩賜，來幫助延續地球上所有生命的進

121

化，以便地球能夠面對無可避免的、威脅著我們和蓋婭的不斷增長的危害。正如上文提到的，數十億計受益於太陽能氾濫的物種當中，只有我們人類進化出了能夠將光子流轉化為訊息片段的能力，並且是以有利於進化的方式收集這些訊息的。而我們的獎賞，就是獲得了了解客觀宇宙和我們自己的一些東西的機會。

如果人類宇宙學原理如我所想一般通行於世，那麼似乎我們的首要目標就是將所有的物質和射線轉化為訊息。多虧了火的時代的奇妙歷程，我們邁出了第一步。現在，我們正處於這一過程的關鍵時刻——即人類世即將讓位給新星世。有理解力的宇宙的命運取決於我們如何回應它。

122

Part 3

我們已經進入了新星世。現在看來，一種新的智能生命
形式，可能會從我們當中某個人所製造出來的人工智
能先驅者中出現，也許就是阿爾法 Zero 之類的東西。

進入新星世

阿爾法圍棋

二〇一五年十月，由谷歌（Google）DeepMind 開發的電腦程式阿爾法圍棋（AlphaGo），擊敗了專業的圍棋好手。乍一看，你可能會聳聳肩，覺得那又如何？自從一九九七年 IBM 的電腦深藍（Deep Blue）擊敗有史以來最偉大的國際象棋棋手格力·卡斯帕羅夫（Garry Kasparov）以來，我們就知道電腦比人類更專精於這種腦力遊戲。

你的聳肩是錯的。第一個原因很明顯：圍棋是比國際象棋複雜得多的遊戲。它是世界上最古老的棋盤遊戲，也是最抽象的棋盤遊戲。它跟現實世界中軍事衝突的用語完全無關，棋盤上沒有像騎士、小卒這樣的棋子。只有白色或黑色的「石頭」放置在 19×19 的黑線網格上。遊戲的目的是儘可能包圍更多的領土。

就是這種簡單的形式，卻產生了令人困惑的複雜性。該遊戲具有龐大的「分支因子」，即每步棋之後可能出現的步數。在國際象棋中，分支因子是三十五；而在圍棋中，分支因子是二百五十。這使得我們無法使用像深藍那樣的「蠻力」方法——這種「蠻力」方法意味著，只是簡單地以過往國際象棋遊戲的龐大數據庫作為支撐，電腦所

129

做的，只是從人類所提供的目錄中進行搜索。儘管它的執行速度比任何人類玩家都要快，但是玩圍棋不僅需要這種一維的方法。

阿爾法圍棋使用了兩種系統 —— 機器學習和樹搜索（tree-searching），將人工輸入與機器自學能力結合在一起。這是向前邁出的一大步。但隨後，谷歌又邁出了更大的一步。Deep Mind 在二〇一七年宣佈了兩個繼任者：阿爾法圍棋 Zero（AlphaGo Zero）和阿爾法 Zero（AlphaZero），這兩個系統都不使用人工輸入，電腦純粹在自我對弈。阿爾法 Zero 在僅僅二十四小時內，將自己變成了超人類的國際象棋、圍棋和將棋（Shogi，亦稱日本象棋）玩家。值得注意的是，阿爾法圍棋在下棋時每秒僅搜索八萬個位置，而最好的常規程式鱈魚（Stockfish），則要搜索七千萬個。換句話說，阿爾法圍棋不是使用「蠻力」，而是使用了某種人工智能形式的直覺。

有一種流行的理論認為，人類要熟練掌握鋼琴、國際象棋或任何高技能的活動，需要花上一萬個小時。這可能是對的，但也是一個誤導性的想法，因為如果你不是莫扎

130

特（Mozart）或卡斯帕羅夫（Kasparov），那麼你即使花了一萬個小時去練習也不會變成他們。但是，一萬個小時具有大致的有效性。即使是這個數字，它也是二十四小時的四百多倍。因此，阿爾法 Zero 的速度至少是人類的四百倍——假定後者無需睡眠的話。但實際上，它比那快得多，因為它具有「超人類」能力。這意味著，我們甚至不知道在這些遊戲中，它到底能比人類好到什麼程度，因為沒有人類可以與之抗衡。

啟動新時代

但是我們其實知道，這樣的機器可以比人類快多少倍——一百萬倍。很簡單，這是因為，沿著電子導體（銅線）的最大訊號傳導速率為每納秒（nanosecond）三十厘米，而沿著神經元的最大神經傳導速率為每毫秒三十厘米。一毫秒的長度是一納秒的一百萬倍。

　　在所有動物中，思考或行動的指令都是通過我們稱之為神經元的細胞生化聯結所發出的。指令當中包含的訊息，必須通過生化過程將化學訊號轉換為電子訊號。與典型的人工電腦發送的指令相比，該過程非常緩慢。在人工電腦中，所有訊號都是由純電子方式發送和接收的。因為從理論上講，電子沿導體移動的極限速度就是光速，所以，兩種速度的差距可能會高達一百萬倍。

　　但實際上，不可能獲得一百萬倍的增益。人工智能的思考和行動速度與哺乳動物之間的實際差異，大約是一萬倍。這種差距的另一個例子是，我們的行動和思考速度是植物的一萬倍。觀察一下自家花園的生長狀況，會讓你對未來的 AI 系統在觀察人類生活時的感受增加一些了解。

　　我們可以通過我們大腦的大規模並行計算系統——

即能夠同時處理多項流程的能力，來克服自身的一些缺點。但是毫無疑問，電子人也可以通過改進其並行處理的能力來增強自身。

阿爾法 Zero 實現了兩件事：自主權（可以自學）和超人類能力。沒有人預料到它會如此迅速地發生。這表明我們已經進入了新星世。現在看來，一種新的智能生命形式，可能會從我們當中某個人所製造出來的人工智能先驅者中出現，也許就是阿爾法 Zero 之類的東西。

人工智能的力量不斷增強的跡象，就在我們身邊。如果你參閱科學和技術新聞的摘要的話，你大概每天都會被驚人的發展所轟炸。以下是我剛剛發現的一個例子。通過使用像阿爾法圍棋一樣的「深度學習」技術，新加坡的科學家製造了一種機器，可以通過注視你的眼睛來預測你患心臟病的風險。不僅如此，他們的機器還可以通過注視眼睛來辨別一個人的性別。你可能會問，誰會需要一台機器去做到這一點呢？但是重點是，我們之前並不知道這一點可以被做到。機器回答了我們甚至從沒問過的問題。

與一個功能齊全的電子人相比，這似乎還有很長的路

134

要走。然而從紐科門的蒸汽抽水機到汽車，同樣是一段很長的路，那花了將近兩百年的時間。數碼技術的發展和持續發揮作用的摩爾定律意味著，要達到這樣的大步成就，剛開始將會花費幾年，然後是幾個月，最終是幾秒鐘。

進化仍將引領這個過程，不過是以新的方式。紐科門的蒸汽機市場價值和實用價值兼備，而兩者都是有利的進化特徵，讓人類世得以展開。我們將以類似的方式進入新星世。在不久的將來，會出現一些人工智能設備，最終會更全面地啟動新時代。

現在的我們確實在某些方面，例如個人電腦和手機的無所不在，已經處於人類世在二十世紀初的階段。在一九〇〇年代，我們有內燃動力汽車、原始的飛機、快速的火車、可用於家庭的電力、電話，甚至數字計算機的基礎。一個世紀後，這些技術的爆炸性發展改變了全世界。現在，又過了不到二十年，另一次爆炸正在發生。

啟動新星世的，不僅僅是電腦的發明。也不是那些關於可用於製造精細而複雜的機器的半導體晶體〔如矽（silicon）或砷化鎵（gallium arsenide）〕的科學發現。人

135

工智能的觀點和電腦本身，對於這個新時代的出現都不是關鍵原因。請緊記，發明家查爾斯·巴貝奇（Charles Babbage）於十九世紀初製造了第一台計算器，而第一批程式是由詩人拜倫勳爵的女兒愛達·洛夫萊斯（Ada Lovelace）所編寫的。如果說新星世僅僅是一個概念，那麼它於兩百年前已經誕生了。

事實上，與人類世一樣，新星世也是圍繞著工程（engineering）開始的。我認為，啟動新星世的關鍵一步，是使用電腦對它本身進行設計和製作（就像阿爾法 Zero 教自己下棋那樣）的那種需求。這是一個從工程的必要性中發生的過程。為了讓你了解發明者和製造商所面臨的困難，這裏舉個例子：你要知道，肉眼可以看見及處理的最小金屬絲線，直徑約為一微米，即一個典型細菌的直徑。如果你使用的是配備 Intel i7 芯片的最新型號電腦，則其絲線直徑接近十四納米，比前者小七十倍。不可避免的是，在遠遠尚未接近這些微小尺寸之前，製造商就不得不使用他們的電腦來幫助設計和製造芯片。此外，還有一點很重要，與人工智能合作一起發明各種新設備，其實包括

136

軟件和硬件兩部分。因此，我們就是在邀請機器來製造新機器。現在，我們發現自己就像石器時代村落的居民看著穿過山谷的鐵路，向他們的棲息地一路建設而來一樣，一個新的世界正在建設之中。

這種新生命──他未來就應該是那樣──將遠遠超出阿爾法 Zero 的自主性。他們將能夠改進和複製自己。在發現某些進程中的錯誤後，他們便會立即予以糾正。達爾文描述的「自然選擇」，將會被更快速的「有意選擇」所取代。

因此，我們必須認識到，電子人的進化可能很快便會從我們手中轉交出去。由人工智能所生產的、代為處理家政、會計等工作的設備，舒適而便利，並不再單單是屬於發明家的精巧設計。他們在很大程度上設計自己。我之所以這樣說，是因為沒有工匠可以手工製造出像手機的中央處理芯片那樣精緻而複雜的東西。

有生命的電子人將從人類世的子宮中冒出。我們幾乎可以肯定的是，像電子人一樣的電子生命形式，不可能在人類世之前從地球的無機成分當中偶然出現。不管高興與

137

否，如果沒有人類扮演像神明或父母一樣的角色，電子人的出現是不能想像的。地球上沒有恰好是特殊成分的天然資源，例如由純粹的、未被破壞的金屬所製成的超精密電線，也沒有特性恰到好處的半導體材料。

也有雲母和石墨等自然存在的材料，從想像意義上可能會演化為電子人，但即使之前有四十億年的光陰供其演化，這一可能性卻似乎並沒有發生。正如法國偉大的生物化學家賈克・莫諾（Jacques Monod）所言，有機生命的進化和出現，乃偶然且必然的問題。對於有機生命來說，其所需的化學物質在早期的地球是非常豐富的，他們是偶然、也是必然被選擇的。

確實，地球上有如此之多組成生命的材料，以至於我不禁在想是不是有人刻意將它們放在那裏的，就像我們現在組裝即將成為最新電子生命的元件一樣。我認為至關重要的是，我們應該理解，無論我們對地球造成了什麼樣的傷害，我們已經通過對電子人同時扮演父母和助產士身份的方式，及時地拯救了自己。他們僅憑自己便可以引領蓋婭度過即將來臨的天文危機。

138

在一定程度上，有意選擇已在發生了，其關鍵因素是摩爾定律的快速性和長久性。當一種生命形式出現，且他能夠通過有意選擇來實現繁衍和糾正繁衍的錯誤時，我們將會知道，我們完全處於新星世了。這樣，新星世的生命將能改變環境，使其適應其化學和物理層面的需求。然而這就是問題的核心所在，新星世的環境的很大部分將仍是像當今一樣的生命。

17

位元

首先，我需要解釋一下，為什麼那個時刻不是簡單的人類世的延續或擴展，而更是一個值得被定義為新的地質時代的根本轉變。正如我已經說過的那樣，我們行星的歷史上，曾發生過兩次決定性事件。第一次是在三十四億年前光合細菌首次出現時。光合作用就是將陽光轉化為可用能量的過程。第二次是在一七一二年，當時紐科門創造了一種高效的機器，將鎖在煤中的太陽光直接轉化為機械動能。現在我們正在進入第三階段，這一階段我們——以及我們的繼承者電子人——將陽光直接轉化為訊息。這個過程實際上是與人類世同時開始的。在一七○○年的時候，我們在不知不覺中積累了足夠的訊息來開啟那個時代。現在隨著我們接近二○二○年，我們會有足夠的能力來釋放它們，去開始新星世。

　　我並不是指天氣預報、鐵路時刻表或每日新聞這樣的訊息。我所指的是偉大的物理學家路德維格·玻爾茲曼（Ludwig Boltzmann）所說的那種訊息——也就是宇宙的基本特性。他對此感覺非常強烈，以至於他要求使用一則簡單的公式來表達他的構想，並將之刻在他的墓碑上。

141

科學處理訊息的第一次嘗試是在一九四〇年代，當時美國數學家暨工程師克勞特·山儂（Claude Shannon）正在從事密碼學研究。到了一九四八年，他的這份工作有了成果，體現在其文章〈通訊數學理論〉（A Mathematical Theory of Communication）中。這是戰後技術的主要文獻之一。如今，訊息理論是數學、計算機科學及眾多其他學科的中心。

訊息的基本單位是位元（bit），它的值可以為 0 或 1，如對或錯、開或關、是或否。我則將位元主要看作一個工程術語，是構成其他所有事物最小的東西。電腦運作完全是依靠 0 或 1，由此它們可以構建整個世界。這種簡單性所產生的複雜性——就像圍棋遊戲那樣，表明訊息的確可能是宇宙的基礎。

作為地球系統的一部分，大量訊息的出現產生了深遠的影響。我現在設想的未來世界是：其中的生命的編碼方式，不再僅僅以 RNA（核糖核酸）和 DNA（脫氧核糖核酸）編寫，更會用上其他密碼，包括基於數碼電子技術以及我們尚未發明的指令的密碼類型。在這個未來時期，我稱之

142

為蓋婭的巨大地球系統，可能會由我們現在視為生命的生命，和新生命——即我們的發明的後代——共同來運行。

這就將「進化」這一概念由達爾文的自然選擇過程，變成由人類或電子人所驅動的有意選擇過程。我們將比自然選擇的緩慢過程更快地糾正生命——不管是人工的還是生物性的——繁殖的有害突變。

我不禁會想，當電子人成為佔主導地位的物種時，會不會通過其複雜的進化過程產生一個個體，能夠回答宇宙人類原理所提出的問題？我在想，他們是否會發現我的觀點——即位元乃是形成客觀宇宙的基本粒子——的證據？

超越人類

在想像未來的智能機器之時，我們會驚訝地發現，我們很容易將他們想像成看起來或表現得像人類的東西。我認為有三個可能的原因。首先，這是一種準宗教的衝動，我們把人類視為創造的最高峰，因此我們的繼任者一定有點人性化。其次，至少他們的外表跟我們相似，這樣的想法令我們感到安慰。我們也許會感覺，外表的相似意味著他們的內部也會像我們一樣，這樣的話他們便或多或少地會表現出人類的行為舉止。第三個原因是，我們對西格蒙德‧弗洛伊德（Sigmund Freud）所定義的離奇想法很感興趣。弗洛伊德曾經就人類對玩偶或蠟像的怪異感寫過文章，指出這種怪異感源於某種程度上不太正確的普通事物。這解釋了人型機器人在科幻小說中非凡的戲劇性力量：他看起來就像我們中的任何一個人，但我們對其動機和感覺，以及內在性質深感困惑。

我懷疑，簡單的事實是，我們無法想像想像一個智能生命會長得不像我們。而當我們嘗試突破這一想像時，我們總會失敗。在流行的想像中，典型的外星人擁有巨大的頭腦——那既代表著高智商，也代表著嬰兒一樣的

甜蜜——和碩大而傾斜的眼睛。但是他們同樣有兩隻手臂、兩條腿，並且像我們一樣到處走動。

我們似乎仍對一九二〇年寫的一部劇本感到迷戀：《羅斯蘇姆的通用機器人》（*Rossum's Universal Robots*）。該劇由捷克諷刺作家卡雷爾‧塞佩克（Karel Čapek）所著，曾七次獲得諾貝爾獎提名，但終未獲獎。我想這使他更確信了其對生活的悲觀態度。他說：「如果狗能說話，也許我們會發現與牠們相處，就像與人相處一樣困難。」塞佩克的機器代表了一種完美，可是毫無生氣，他們的戲劇性魅力在於其不可思議性。在劇中，人類被這些造物所摧毀。塞佩克的新詞「機器人」（Robots）源自捷克語，意思是「被強迫的勞動者」。實際上，我們不會將塞佩克所寫的生物稱作機器人或複製人，因為他們由合成的血肉所製成，而不是機器。但是，「機器人」一詞倖存下來，去指代那些在外觀上與人類相似，在行為上卻像奴隸一樣的機器。

因此，我們傾向將未來的智能生命，視為我們所控制的事物，並且他們是為了我們的利益，或者為另一群人類競爭者的利益而存在的。在未來生活中智能家庭助手將是

146

很有前景的產品，它將是管家和女僕的近乎完美的結合。或者一種可以導航和修復人體的安全、先進的手術器械，也是有前景的。又或者一種賭場最喜歡的、裝備致命武器的、自給自足的無人機。但是它們總是有點人類特徵。

有時，我認為我們對所有智能生物都有的擬人化的渴望，影響了我們設計電腦的方式。發明電腦時，我們所設計的它們處理訊息的方式，跟我們心中人類的處理方式相同。放在桌上或放在口袋中的電腦都是按這種方式設計的，這完全合乎邏輯。但是它的運算速度卻比人類快一萬倍，這就是我們使用它們的唯一原因。但是，儘管它們可能擁有超人類的計算速度，我們仍然能控制它們，那是因為它們當前的形式，從頭到尾都使用了邏輯上逐步推進的指令程序。他們完全缺乏任何直覺意識，這也許是因為我們從來沒有對我們自己的直覺意識抱以足夠的信任，或者是因為我們希望他們繼續做我們的奴隸。

最先進的個人電腦所使用的芯片，允許同時遵循多達七個獨立的邏輯路徑。這是一種進步，但與能夠同時處理來自感覺器官的數百萬條訊息的大腦相比，就完全算不上

147

什麼。也許這實際上是一種自衛措施，我們僅允許電腦以這樣一種方式發展，即，使它們的智能水準在本質上低於我們。

幾乎毫無疑問的是，即使是昆蟲和動物的大腦，也都是以強大的平行拼接的形式進化的。也許直覺性思維——即我們一直在使用、而發明家也在著重培養的東西，其邏輯正好需要這種平行進程。與單通道逐步推進的經典邏輯相比，這是一種似乎完全不同、功能更強大的邏輯。

例如，你可以想想一場板球或棒球比賽中的守場員。當被球棒擊中時，球可能以每小時一百英里的速度向守場員移動。如果他在五十碼外，要接住球的話，他必須使用眼睛收集到相關訊息，然後將這些數據送到控制手臂和身體運動的大腦程序中進行處理，這樣，他的手才能準確地在該球的軌跡上截擊。並且，所有這些必須在一秒鐘內完成。如果按照單通道逐步推進的邏輯進程（例如通過語音交流），他可能需要數小時或數天才能完成此任務。而捕捉一個球或躲避捕食者的飛躍，需要更快的整體反應。通

148

過線性邏輯來思考很有條理，但是如果你依靠它在叢林中生存，很快就會死掉。快速的本能才使我們免受環境危害。

從機器人到筆記本電腦，所有這些技術都內置了這樣一種思維，即無論多麼先進的機器，都存在著根本性缺陷。它們缺乏某種品質，也就是靈魂、同情心，這使它們無法逾越與人類區分的最終障礙。這是科幻小說當中大家所熟悉的劇情。最著名的是電視連續劇《新星空奇遇記》（*Star Trek: The Next Generation*）中的人形機器人達他（Data），他一直在努力希望變得更像人類。達他確信這將是一項最高成就。如果他意識到自己之所以不能完全變成人類，是由人類及其對邏輯、分步思維的成見設計而來，他應該就不會對人類那麼欽佩了。

達他個性友善，經常表現英勇且不會令人驚擾。但是，這種虛構的、友好的、順從的、人形但又不太人性化的奴隸機器人，通常是模棱兩可的存在。我們不斷想要去問，他們在想些什麼？他們缺乏直覺這一點也使我們感到驚恐，擔心他們的邏輯可能導致危害人類的後果。科幻小說家艾薩克·阿西莫夫（Isaac Asimov）首次深入思考了電

149

子人——那時還被稱作機器人——的行為和道德。

他在一九四二年撰寫的一個故事中提出了解決方案。他提出了機器人三定律：

（1）機器人不得傷害人類，或通過不作為而使人類受到傷害。

（2）機器人必須服從人類的命令，除非這些命令會與第一定律相抵觸。

（3）機器人必須保護自己的存在，只要這種保護與第一或第二定律沒有衝突。

從表面上看，以上三條似乎是嚴密的，它們在科幻故事和關於人工智能的危險的討論中，都會以這種或那種形式出現。但是，這三條定律有一個致命的缺陷：它們假定這些生物並不及我們自由。我們有規則，但是只要情況適合我們，我們就會違背它們。而要使阿西莫夫的定律行之有效，違背規則是不可能發生的。

對於新星世的電子人，我們不能假設他們從不違背規則。他們將完全擺脫人類的命令，因為他們將從自己編寫的代碼中不斷演化。從一開始，其代碼就會比人類編寫的代碼

好得多。每當我查看最近人類開發的電腦代碼，它們都糟糕到令人震驚。如果你看到同等質量的英語文字的話，你會直接把它們扔出窗外。它們是絕對的垃圾，這主要是因為它們只是堆積在早期代碼之上，而這些早期代碼是編碼人員使用的簡化寫法。但電子人則會重新開始，就像阿爾法 Zero 一樣，他們將從空白狀態重新開始。這意味著，如果要對人類友善的話，他們將需要找到屬於他們自己的理由。

但是他們會長成什麼樣子？一切皆有可能。但據我的看法——這完全是推測——他們會長得像球體（spheres）。

151

與球體交談

如果他們真的是毫無先例的，你可能會想，我們真的可以與他們溝通嗎？

哲學家路德維格‧維特根斯坦（Ludwig Wittgenstein）說：「如果獅子能說話，我們就無法理解牠。」這是塞佩克關於人和狗的言論的更為嚴格的版本。維特根斯坦的觀點是，我們的語言是我們的生活方式，也是看待世界的方式。獅子不會擁有這些視角。電子人也不會。

人們認為，語言是在五萬到十萬年前發展出來的。一系列影響我們的大腦、手部和喉部的有利突變，令語言成為可能。因此，它緊密地嵌入了人類的生理機能中，完全不適用於電子人的電子解剖和生理結構。

語言形式造就了我們在不斷進行經典推理時所犯的錯誤，並將科學所揭示的異常（例如量子理論）置於似乎與我們共存的不同世界中。我們之所以犯這樣的錯誤，是因為語言的本質——無論是口頭還是書面——總是跟人類思維傾向於把事物分拆為各個組成部分這一趨勢結合在一起。因此，例如我上文提到的，我們知道我們的朋友和戀人都是完整的人。有時單獨考慮他們的肝臟、皮膚和血

153

液，以了解其特殊功能，或出於醫學目的，這似乎是明智的。但是，我們認識的人不僅是這些部分的總和。

語言似乎進化得非常迅速。這種速度並不罕見，即便對於人身上最複雜的功能。從一隻只能感測到光的單細胞，進化到一隻全功能的眼睛，這一進化模型顯示，就算在這種非常精密的系統裏（人類的眼睛可探測一千萬種顏色，甚至是單個光子），進化到最後階段的過程也可能非常快。語言的演變也可能如此，它作為人類的特質迅速出現，似乎是很有可能的事情。

大約十萬年前，當我們還是靠狩獵和採集為生的動物時，自然選擇會更偏愛那些能夠最有效地傳達重要事項（如食物來源或危險）的人。將訊息傳播得最遠、最清晰的動物，取得了成功。訊息可以通過光線、聲音或氣味發送。叢林和熱帶草原的物理環境是我們大多數祖先的棲息地，在這些棲息地中，透過聲音進行溝通，通常是最有效的。通過調節聲音來傳達不同的訊息也很容易。起初，能發出一聲告知危險的響亮高音，或為了食物或交配的可能而發出一聲低沉的聲響就足夠了。但是語言逐漸形成後，

154

能傳達的有用訊息變得越來越多。

這是一個緩慢的過程，因為它涉及到聲音器官（喉部和發聲洞腔）的形狀和形式的變化，以及耳朵的相應變化。它還涉及大腦結構的變化，以及記憶和解釋功能的具備。自然選擇會選取具有驚人靈活性的語音器官，它們可以輕鬆處理各種聲音頻率和波形。這樣，我們傳遞的訊息很快就可以以表達出憤怒情緒與各種層次的友善之間的細微差異。為交配或戰爭而準備的伴奏音樂很快得到了發展：你會在暮色當中因渴望聽到那些性感的歌曲而被喚起，也會在黎明時分因被緩慢而兇險的鼓聲驚醒而感到害怕。

值得一提的是，對人類大腦進化的投資，必須是巨大的。想想大腦的質量及其對骨骼保護的需求，還有大腦消耗了人體百分之二十的代謝能量這一事實吧。但是，情報和語音交流使我們能夠收集訊息，及後在跟朋友爭論的時候對其進行提煉。隨後，為了我們後代的將來著想，我們將爭論的結論存儲在書寫和圖片中。語言使人類文明和智慧變得可能。

複雜的語言模式和文字，使我們在動物中獨樹一幟，

然而其代價是甚麼？我認為通過語言和文字進行交流，雖然起初增加了我們的生存機會，卻也損害了我們的思考能力，並延遲了真正的新星世的出現。

語言作為偉大的進化的恩賜，怎麼會成為劣勢呢？我認為，主要是通過將線性思維變成一種教條，同時貶低直覺的力量。我是一位發明家。當我回首過去時，我意識到幾乎所有成功的發明，都是憑直覺發想出來的。我並不是通過科學知識的邏輯應用來發明的。但是我承認，我大腦中這些知識的存在以某種方式，憑直覺將零散的想法匯集在一起，從而形成了一項發明。

正如上文所提到的，在口語和書寫出現之前，我們和其他所有動物都是憑直覺思考的。想像一下，在鄉間漫步時，你出乎意料地來到了一座懸崖的邊緣，那麼高又那麼陡峭，以至於再向前踏進一步都可能會導致死亡。如果發生這種情況，你的大腦會在你之前分析局勢，在幾毫秒內不自覺地意識到危險，所有進一步的向前運動均被抑制。最近的測量表明，這種本能反應在識別危險後的四十毫秒內起作用。它在你意識到前面有懸崖之前，就已經發

156

生了。換句話說，你是憑直覺而得救的，而不是因為理性的、關於掉下去會有危險的有意識的想法而得救的。

至於與電子人說話，不管以任何方式，將新的電子生物圈的任何成員都視為機器人或人形機器人，顯然是錯誤的。他們的生命形態，完全可以採取從微生物到動物不同大小並列存在的生態系統形式。換句話說，他們將是與我們現在所擁有的生物圈共存的另一個生物圈。他們的自然語言，也將與我們的不一樣。

但是，由於我們將成為電子人的父母，因此他們也將首先使用我們的語言——即被我們的語音功能所形塑的聲音——進行溝通。他們可能需要一些時間來發明或發展自己偏愛的結構和溝通方法。我這裏指的是電子人時間。當然，對我們來說，這好像幾乎是瞬間發生的。但是我想像的是，電子人會保留與我們說話的能力，就像我們當中的一些人，仍保留拉丁文和希臘文來與久負盛名的古典世界的學者進行交流一樣。

如前所述，我認為我們和其他動物必須在兩個截然不同的獨立系統中處理各種訊息是相當奇怪的。語言和書寫

157

的緩慢過程，確實提供了有限範圍內的有意識的解釋；而直覺的快速過程，則幾乎對我們有意識的頭腦來說沒有任何解釋，但對生存卻至關重要。因此，我懷疑電子人根本不會使用我們所謂的語言，而這將賦予他們比我們目前所擁有的更大的自由，且讓他們擺脫我們循序漸進的邏輯。我估計他們的溝通形式會是心靈感應（telepathic）。

「心靈感應」一詞聲名狼藉。它要麼被用作科學幻想，其中外星人或有特殊天賦的人類不用說話便能交流他們的思想；要麼它會出現在通靈論者（spiritualists）或舞台讀心者（stage mind-readers）的主張當中。一般常識性的觀念告訴我們，這是不可能的。

然而我們一直都是心靈感應者。試想下我們僅看一眼別人的面部就可以得到多少訊息。甚至在說任何話之前，我們就對剛剛遇到的人的心境和個性，有著深刻的認識。你可能都不知道這種情況已經發生了──這在很大程度上是一個直覺的思考過程，但它比有意識的思考能更快、更有效地影響你的行為。一見鍾情，不一定是浪漫小說中才有的情節。

158

從面部獲取訊息就是一種心靈感應，但它並非特別神秘。我們現在會從電磁光譜（在這種情況下，當然只能是可見光）中搜索訊息。我們一直都在這樣做，但我們卻只將口頭溝通視為語言。電子人則不會受到如此的限制。他們將能夠利用任何形式的光電輻射來收集訊息，只要它們能夠彌合他們的訊息鴻溝，例如，他們可以像蝙蝠一樣，使用超聲波來探索周遭的環境。這將使電子人能夠進行本質上的即時通訊，而且他們將能感知比我們更廣大的頻率範圍。

在我們看來，他們似乎是超人類的；但在其他方面，他們的力量將像我們一樣有限。如果電子人至少像我們一樣聰明，並且能夠全面進化，那麼他們很可能會在很短的時間內適應包括我們在內的地球環境。尤其重要的是，這是電子生命感知時間流逝至少比我們快一萬倍的結果。但是，正如我們一樣，他們也將受到宇宙的物理限制。例如，人類大小的電子人，只能以不超過我們太多的速度行走、游泳和飛行，這是因為要通過諸如空氣或水之類的黏性流體，運動阻力會隨著速度的立方而增加。若一架電子

159

無人機試圖以比聲音快的速度飛行，或以每小時五十米的速度游泳，那它將馬上耗盡動力。電子人的一個有趣的缺點是，他們思考的快速性可能使長途旅行變得非常無聊，甚至他們會感覺自己在令人不快地變老。飛往澳洲的航班對他們而言，其無聊性和破壞性比我們所感受的要高出一萬倍。對他們而言，就像花了三千年一樣。

一個讓我著迷的問題是：在多大程度上，電子人會生活在量子世界中？當然，我們已經生活在一個量子世界中了，這是一個我們已經瞥見但尚未掌握的極其微小的世界，因為它不符合我們的逐步邏輯。奇怪的是，除了愛因斯坦之外，物理學家似乎並沒有因無法解釋量子理論而感到困擾。在一次演講中，二十世紀後期最偉大的物理學家理察‧費曼（Richard Feynman）繪製了一系列圖表，來描述原子和更小物體的動態行為，這個成果朝著似乎是一種解釋方向的道路上前進了僅僅一步。但他最後以一句「任何說他們了解量子理論的人，可能其實不然」來結尾。

一個非常明白的事實是，我們是非常不方便的、大塊頭且緩慢的生物，而量子現象極具挑逗性地正好超出了我

160

們的集體經驗。但這對電子人而言並非如此。他們思維的速度和力量，將使他們能夠深入困擾我們的謎團，例如為何粒子發出訊號的能力顯然比光速還快，並且可以一次出現在兩個地方，以及如此這般更多的問題。如果電子人能夠掌握這項知識──他們肯定會掌握的，那麼他們可能會像《星空奇遇記》（*Star Trek*）當中那樣進行隱形傳送（teleportation）。

但這僅僅是猜測。讓我們回到基本點：由於其固有的快速性，一旦人工智能生命出現，到本世紀末，他們可能會迅速發展成為生物圈的重要組成部分。那麼，新星世的主要居民，將會是人類和電子人。這是兩個具有智慧的物種，可以有目的地行動。電子人可以是友善的，也可以是敵對的。但是由於現在這個時代以及地球的狀態，他們別無選擇，只能共同行動、共同努力。未來的世界將取決於確保蓋婭生存的需要，而不再是人類的自私需要。

由愛的恩典機器照管一切

一九六七年，三十二歲的美國詩人理察‧布萊提根（Richard Brautigan）漫步在嬉皮運動（hippy movement）的發源地——三藩市的海特‧雅殊伯里（Haight-Ashbury）街頭，分發印有他的詩作〈由愛的恩典機器照管一切〉（All Watched Over by Machines of Loving Grace）的單張。這是對未來的幻想，那裏有「電子控制的草地 / 哺乳動物和電腦 / 彼此一起生活 / 共同為和諧而編程」，人類「擺脫了我們的勞作 / 回歸自然 / 回到了哺乳動物時代 / 兄弟姐妹 / 由愛的恩典機器照管一切」。

這首詩表達了一種思想的奇怪融合：一方面是嬉皮、返璞歸真的理想主義，而另一方面則是電腦和控馭學的冷戰系統文化。當時的想法是，通過創建與大自然並存的良性網絡系統，可以消除政府和大公司的存在。

實際上，布萊提根提出了新星世的早期版本，並且在某種程度上說是個準確的版本：在那個時代，人類和電子人將和平相處（也許是充滿愛的寬容），因為他們有共同的旨在維護他們生存的偉大事業。這一事業便是維護地球作為宜居星球的狀態。

再重複一遍，對地球生命的長期威脅，是太陽的熱量輸出呈指數增長。這是被主序星照耀的任何一顆行星的簡單邏輯。太陽過熱的後果已經在我們身上產生了，但是由於蓋婭的規管能力，我們的行星現在將不可阻擋地發展到像金星那樣的狀態。拯救我們的，是陸地和海洋植被不斷且大量地吸收從而降低大氣層中的二氧化碳含量。

如果沒有行星規模的災難，地球上有機生命的宜居條件，可能還會持續數億年。對於電子生命形式來說，這樣的時間跨度可能看起來像無窮遙遠，因為他們在我們的時間一秒鐘內可以做的，比我們多得多。至少有一段時間，新的電子生命可能更喜歡與有機生命協作，而有機生命已經做了很多，並且仍然在做，來使地球繼續適合居住。

碰巧的是，這個海洋行星——地球上有機生命和電子生命的溫度上限幾乎是相同的，都接近攝氏五十度。從理論上講，電子生命可以承受更高的溫度，也許高達攝氏兩百度。但是在我們這顆海洋星球上，永遠無法達到如此高的溫度。高於攝氏五十度，整個星球都將變為具有腐蝕性破壞力的環境。無論如何，試圖在高於攝氏五十度的任

164

何溫度下生活，並沒有任何意義。高於此溫度的地球的物理條件，對於所有生命，包括嗜極生物和電子人來說，都是不可能的。這些思考的有趣結果是，從我們手中接管地球的無論是什麼形式的生命，都有責任在保證溫度遠低於攝氏五十度的前提下，維持地球熱量穩定。

如果我關於蓋婭假說的理解是正確的，地球確實是一個自我調節系統，那麼我們物種的持續生存，將取決於電子人對蓋婭的接受程度。為了他們自身的利益，他們將有義務加入我們的事業——即，保持地球涼快。他們還將意識到，實現這一事業的一個可用機制是有機生命的存在。這就是為什麼我認為人類與機器之間發生戰爭，或簡單點說機器將消滅我們的想法，是極為不可能的。這不是說因為我們強加了什麼規則，而是因為他們自身的利益，他們將渴望與我們這個物種結成合作夥伴。

當然，他們將帶來一些新的東西——可能是在地球工程領域，如保護或改變環境的大型工程項目。這樣的項目將完全在電子生命的能力範圍內。電子人可能會被熱反射鏡的想法所吸引，這種想法見於天體物理學家洛厄爾·

伍德（Lowell Wood）所描述的一種空間。熱反射鏡將由單個六十萬平方英里的絲網結構鏡片，或許多較小的鏡片所組成。據估計，木材若能反射掉入射陽光的百分之一，就足以解決全球變暖的問題。或者，我們的新同伴可能更喜歡在地球兩極建立功率強大的發射器，使其以微波或低頻紅外線的方式，將多餘的熱量散發到太空中去。又或者，他們可以使用有機或電子表層來吸收太陽光，然後反射足夠的自身能量以保持地球涼快。

其他可能性包括噴灑海水，以製造細小的鹽顆粒，這些鹽粒將用作凝結核，在海洋表面上方的潮濕空氣中產生雲層，從而反射陽光。這種噴霧，並不會產生與海洋變暖所引起的大氣中水蒸氣含量增加相同的那種溫室效應。還有幾位科學家建議在平流層中注入硫酸氣溶膠以作為雲的凝結核。這個想法模仿了大家所熟知的火山噴發的冷卻效應，火山噴發就是類似於將硫磺注入平流層。此外，發射火箭來偏轉即將來襲的小行星也是一種地球工程。我們現在可以做這些事情，但是電子人可以做得更好，他們更準確，控制得也更精微。

166

但是仍然會有風險。奧利弗·莫頓（Oliver Morton）在《行星重造：地球工程學如何改變世界》（*The Planet Remade: How Geoengineeriong Could Change the World*）一書中，也許對地球工程學的實踐和弊端提供了最好的解釋。他的分析清楚地表明，地球工程是我們可能不得不使用的最後手段。

如果我們從物理角度去觀察一顆在未來能自我調節的行星，我們會發現，僅通過改變行星反照率（planetary albedo）——也就是其反射太陽光的程度，即可獲得巨大的降溫效果。對於電子人而言，這比現在人類操縱生物化學要容易得多。如前所述，我們精巧的後代可能會根據洛厄爾·伍德的想法安裝日心反射器（heliocentric reflectors）。或者，他們可能在地球兩極建造巨型冷卻設備，以一個適當的頻率，將過量的熵（entropy）以輻射能量的形式排放到太空中去。這將使我們的行星成為一種新的星體，一種有目的性地發射持續不斷的能量的星體。也許這就是外星生物學家所該尋求的東西？

而我們人類必須為此付出的代價，是失去我們作為地球上最具智慧生物的地位。我們將繼續生活在人類社會

167

中，電子人無疑將會為我們提供無限的充滿想像力及啟迪性的娛樂資源。或者，我們可以為他們提供娛樂，就像鮮花能讓我們高興一樣。這可能有點太接近電影《廿二世紀殺人網絡》（*The Matrix*）的世界了，以至於會讓人類感到不安。在該電影中，人類被一個機器人種族作為能源而保留下來，該種族通過在虛擬世界中為他們提供一個與被驅逐的原住地相同的虛擬生活環境，來使他們保持不反抗。作為一種電池而存在，這個未來可不是一個有吸引力的選項。

在由不受人類規則約束的、具有自由思考能力的電子人所主導的未來，一個要點在於，我們既無法猜測、也不能要求他們長遠來說如何發展。在短期內，我預測兩個種族會在保持地球作為一個生命星球方面進行合作。但是，從長遠來說，如果電子人開始問自己，為什麼要留在地球上，會發生什麼呢？電子人的需求與我們的完全不同。在他們看來，氧氣是一件令人討厭的事情，而且非至關重要的必需品。這個星球水太多了，讓他們感到不舒服。也許他們會決定搬到火星，一個不適合像我們這樣的喜歡濕潤

168

的碳質生命的絕望星球，但對於資訊科技種類的喜歡乾燥的矽基或碳基生命來說，則可能會很舒服。

他們會走得比火星更遠嗎？在實踐中，儘管我們的後代思維可能很快，但客觀宇宙的正常局限性，如不能突破光速，仍然像以往一樣是發揮作用的。他們是否有能力進入我們的銀河系，甚至整個客觀宇宙？

或者他們可能會用不適合我們的方式改良地球上的環境。如果在新星世，植物的光合作用被電子的光線收集器所取代，那麼大氣中的氧氣含量將在幾千年內降至痕量（trace levels）水平。天空不再是藍色，而是棕褐色。新世界的地球生理構造，將與現在的地球大不相同。取替以碳為主要元素的化學生命形式後，可能會有一段由矽等半導體元素所組成的電子生命的時間週期。隨著時間的推移，碳可能會再次成為主要元素，因為鑽石會取代矽，成為最佳半導體。

生物化學家可能會發現這樣想很有趣：DNA 組織這一套化學把戲，是否會導致矽和鑽石芯片的直接生成？如果發生這種情況，則遞歸（recursion）可能會帶來例如通過

169

樹木或其他植物形式直接發電的奇觀。從長遠來看，隨著太陽越來越熱，我設想碳會捲土重來。其分子形式的多功能性以及耐熱性，會使其成為未來電子生命的候選材料。鑽石和石墨烯（graphene）這兩種形式的碳，已證明其本身有能力在矽的基礎上繼續改進，以用於電子智能領域。

如果新星世像生物圈一樣進化，化學元素將會因其效用和在自然環境中的豐富程度，而被選擇或拒絕。海洋生物學家米高・惠特菲爾德（Michael Whitfield）進行了關於海洋環境中化學元素分佈的研究。他表明，海水中豐富的元素（氫、氧、鈉、氯和碳）一起構成了大部分生物。中間元素種類缺乏，但人們在積極尋找，這些元素包括氮、鐵、磷、碘和其他一些生命必需的元素，但現在僅以痕量存在於海洋中。第三類海洋溶質是有毒元素：砷、鉛、鉈和鈾。它們很罕見，在生命的進化中幾乎沒有或完全沒有任何作用。

身為化學家，我很想看看新星世的生命是如何從地球的各種元素中建構出來的。我懷疑，他們建立一個自給自足的智能星球的任務，將通過與人類和生物圈保持合作關

170

係而在初期階段變得更容易。

想像一下通過啃食太陽能植物，或者更科幻點說，從太陽能樹中拔出剛充滿電的電池，來獲得能量的動物吧。再想想會加速岩石的風化，並持續降低二氧化碳的土壤細菌和真菌，它們還可能會從岩石中獲取電子生命所需的元素。再想一想直接連到電網而不是太陽能電池的樹木。還可以再想想可以利用太陽能儲存和釋放電子的植物，這些電子還能儲存在像無機樹上的果實一樣懸掛的電池中。

同時，垃圾訊息可能會使地球進一步升溫。當前，廢氣、碎屑和其他不必要的文明產物的累積，都加劇了全球暖化。有趣的是，垃圾訊息的累積也有類似的趨勢。

即使我們生活在海洋的邊緣，並遠離任何廢物處理場所，大型貨車也會來收集積累的廢紙，以及其他屬於現代生活一部分的廢物。我經常想知道，互聯網是否可以起到與這些貨車相同的作用，消除無用和多餘的訊息，並將其處理在客觀宇宙的某些不可測的深度空間中。對此，我會想像一個巨大的發送器，它們位於地球兩極，不斷地向太空傳送垃圾郵件、不需要的廣告、無聊的娛樂訊息及錯誤

171

的訊息。這是多麼壯觀的保持地球涼爽的方法！

當新星世完全成熟並開始調節化學和物理條件，使地球適合電子人居住時，蓋婭將會穿上新的無機外套。隨著它不斷進化以應對不斷增長的太陽熱量輸出，新星世系統可能會變得比有機生命所能承受的溫度更高或更低。在新訊息科技下蓋婭的壽命，可能會比我們若沒有充當助產士角色之時，其本來可享的壽命長很多。最終，有機的蓋婭可能會死亡。但是，正如我們不為祖先物種的逝去而哀悼一樣，我想，電子人也不會因人類的逝世而感到悲傷。

172

思考武器

我之前說過,《未來戰士》（*The Terminator*）電影中那極具戲劇性的人與機器之戰是高度不可能的。但是我們已經知道將來發生戰爭的其中一種方式。

我記得在第二次世界大戰期間,裝滿了上噸高爆炸藥的 V-1 導彈首次被無差別地扔在倫敦,但人們的生活卻正常地繼續。街上有人問,到底發生了什麼事?當得知這些新武器是無人駕駛的飛機時,她鬆了一口氣,說:「感謝上帝,那裏沒有人在向我扔炸彈。」

二〇一六年十月二日的《經濟學人》上,在眾多主題中赫然刊登了一篇文章,內容涉及開發客機自動駕駛儀。這些出色的設備幾乎可以完成訓練有素的飛行員能做的所有事情,其中包括在完全不同的天氣條件下著陸和起飛、尋找飛行線路以及飛往遙遠的目的地。為了確保它們的安全並防止部件故障,自動駕駛儀包括三個獨立的系統。除非三方達成一致,否則飛機的操作將交還給同樣在飛機上的飛行員。

當大氣層使飛行條件變得十分惡劣以至於自動駕駛儀無法應對時,自動駕駛儀就會表現出罕見但嚴重的缺

175

陷，在那時——情況最糟糕的時刻，控制權會轉交給飛行員。由於此種缺陷，發生了幾次災難性的墜機事故，伴隨著嚴重的生命損失。據說是人類飛行員犯了錯誤，但實際上要知道，他們所面臨的問題，超出了世界上最好的三個自動駕駛儀的處理能力。

一家電腦公司最近設想了一種經過改良的自動駕駛儀，可以減少此類問題所引起的危險。他們想像中的這種自動駕駛儀，可以在遇到危險情況時學習飛行技巧，就像阿爾法圍棋 Zero 學會玩圍棋那樣。這將導致自動駕駛的能力遠遠超過其現在已有的能力。他們的方案建議了一種基於自適應神經網絡、而非程式運算系統的駕駛艙電腦系統。

有趣的是，《經濟學人》的討論繼續指出，航空當局不會準備批准這種自己作出判斷的駕駛艙電腦系統，因為這會超出人類飛行員的理解範圍。我們顯然還沒有準備好將此類問題完全交給電腦。你可能認為，這意味著一項充滿潛力的新商業機會的新的終結？但是後來有人建議，如果是出於安全考慮而阻止使用自動駕駛儀的思考型電腦的

176

話，那麼他們可能會使用軍用無人機試用新系統。

　　一讀完這篇文章，我便看到了一條可能導致蓋婭有機時期結束的道路，正如我們所熟知的那樣。通過賦予人類世電腦系統以自然選擇或有輔助的選擇來自我進化的機會，我們消除了阻止蓋婭進入下一階段——即新星世的障礙。在新星世，自我管理將不再單單是指維持我們這個形式的生物圈的存在。

　　任何時候當有人建議電腦有一天可能起義並接管工作時——就像在塞佩克的劇作《羅斯蘇姆的通用機器人》中那樣，一個令人心安的答案通常是我們可以拔掉插頭，並拒絕給他們提供所需的電力。但是，我想知道，你是如何關閉一架高度武裝的、在你頭頂上方高達一萬英尺飛行的無人機的？請記住，他們可以比我們更快地思考，甚至可以將我們視為他們的敵人。

　　在我看來，允許自適應電腦系統在軍事平台上發展的想法，可能是至今為止將導致地球上的人類和其他有機生命被取代的最致命構想。走上這條道路，我們將開啟一種新的生命形式的演化進程：他們將以裝備有最新、最致命

武器的士兵的形式出現。

　　儘管我們行動遲緩，但假如真的發生這種情況，確實有一些技巧可以使形勢向有利於我們的方向傾斜。例如，可以考慮電磁脈衝——EMP。新星世的電子生命可能在朝鮮領導人二〇一七年所展示的那種武器面前是非常脆弱的。金屬洞腔內核武器的爆炸，會產生電磁脈衝能量，這對新星世系統來說可能是致命的。而另一方面，熟練掌握核酸訊息技術的電子人可能會發現，合成一種比導致一九一八年流感大爆發的 H1N1 還要致命的病毒是非常容易的。

　　這是否意味著我們馬上就可以進行一場真正骯髒的戰爭？我不這麼認為，這不僅是因為我和平的貴格式教養。我認為，更有可能的是，智能生物——不管是生物化學的還是電子的——都將會得出結論，太陽過熱是一個更大的威脅，他們別無選擇，只能合作並利用其科學和技能，使地球保持涼快。

　　從人工智能衍生出來的生命形式對蓋婭世界的悄無聲息的接管，與科幻小說中想像的與機器人、電子人或其他

178

人形物體的戰爭，並沒有任何相同之處。即便如此，衝突似乎仍是無可避免的，一場全球規模的爭奪地球所有權的戰鬥將很快開始。儘管我的論點是這不太可能發生，因為我們都需要保持地球足夠涼快，才能讓我們所有物種都正常運轉，但肯定還是有需要避免某些危險。

二〇一七年七月，埃隆·馬斯克和其他一百一十五位矽谷人工智能專家，給聯合國寫了一封公開信，要求禁止使用自動武器。這些武器裝置就是在行業中人所共知的致命自動武器系統（Lethal Autonomous Weapons Systems, LAWS），它們可以自動尋找、識別和殺死敵方目標。通常，涉及開火的最終決定權是人類，但這只是預防措施，而不是必要措施。我們知道，軍事需求通常會推動我們一些最普遍的技術的發展——尤其以互聯網的發展為代表，致命自動武器系統的發展也毫無疑問將得到充分的資金保障和政治支持。我發現令人難以置信的是，任何機構都可以被允許計劃和製造那些將決定是否殺死人類的足夠聰明的武器。

想像一下一架載有你的攝影圖像以及當場擊斃的指令

179

的無人機吧。我懷疑這些無人機已經存在了，並且要使這些無人機有能力進行自衛，並非很大的一步。令人驚恐的是，我們那些幾乎對科學和工程技術完全無知的領導人都在鼓勵開發這些武器。並且由於他們無力拒絕來自說客的建議，他們的無知又被加劇，而這些說客的唯一目的，似乎就是從對環境有害的武器製造中撈取利益。

我們應該關注人工智能的軍事發展。十八世紀初，我們通過發明一種實用且經濟的蒸汽機，進入了人類世。我們邁出這一步時，絲毫不了解我們所釋放的強大力量。我們不知道，在兩個世紀內，它將永遠改變世界。

我們現在處於下一個地質時期的邊緣，感到恐懼是正確的。我們作為個體的匿名性已被打破，電子人可以設計出充分利用我們個體弱點的武器。對此類武器的恐懼，超越了對普通致命武器的恐懼。

在設計自動武器時，我毫不懷疑工程師們確信決策鏈中肯定有人類存在。或者他們會說，他們已經建立了規則，就像阿西莫夫的機器人三定律一樣，可以確保只攻擊選定的目標。但是隨著新星世的發展，那種電子人一定會

180

遵守這些規則的想法將會充分暴露其天真性。

　　一位朋友告訴我，他與一位電腦科學家有過幾年的辯論，該科學家致力於確保人工智能系統不會傷害人類。這位科學家認為有些明顯的規則是可以適用的，並問：「你不會殺死嬰兒，對嗎？」我的朋友回答說他不會，但是在整個歷史上，人們在戰爭中都會殺嬰。我們如何確定人工智能系統的決定將更接近我朋友，而非像猶太裔嬰兒所遇到的黨衛軍軍官呢？

　　我們必須記住，現在我們已經有了像阿爾法 Zero 這樣的人工智能系統，這種系統可以從頭開始自學。而不久之後，類似的系統就可以透過自學，做出很多比玩圍棋更激進的事，包括發動戰爭。那時就沒有不殺死嬰兒之類的規則可以依靠了。可以依靠的只能是電子人意識到他們與人類有著至關重要的共同目標，也就是保護居住地。

　　因此，我們不必假設在新星世出現的嶄新人造生命，就會自動地跟我們一樣殘酷、致命和富有侵略性。新星世可能成為地球上最和平的時代之一。但是人類將首次與比我們更聰明的其他生物共享地球。

181

我們在他們世界中的地位

正如我之前所說的，我們將成為電子人的父母，而我們已經在生產的過程中。我們牢記這一點很重要。電子人與我們一樣，都是進化過程的產物。

電子生命依賴他們的有機血統。對於非有機生命形式，我看不到他們能從化學元素的混合過程和客觀宇宙普遍存在的物理條件下，從頭開始在另一個地球或其他行星上進化出來的任何可能性。要使電子人生命出現，就需要助產士的幫助。蓋婭剛好適合扮演這個角色。

因此，有機生命似乎必須總是先於電子生命。確實，如果電子生命的組成部分很容易在一顆行星上聚合形成生命的話，那麼按照這種生命形式的演化速度，到現在他們已經充滿整個客觀宇宙了。而事實是，迄今為止，可觀測的客觀宇宙似乎頗為貧瘠、了無生命。這一事實強烈表明，電子生命無法自動從太陽碎片（solar debris）中形成。

我們可能是他們的父母，但同時也不可能是。這就提出了一個無法由科學技術的專業知識解決的巨大問題：鑑於我在上一節中概述的可能性，在人類世末期我們應如何規劃我們的外交，才能使血肉組成的人類以及蓋婭上喜歡

183

濕潤的化學生命，能夠在從有機生命到無機生命過渡的首個階段內和平退場？

這兩個物種之間的談判幾乎是無法想像的。他們可能會像我們看植物一樣，認為我們被困在極其緩慢的感知和行動過程中。的確，在新星世建立後，電子人科學家很可能會展示活的人類藏品。畢竟，住在倫敦附近的人們也會去皇家植物園（Kew Gardens）觀賞植物。

我感覺，對於我們每個人來說，去理解電子人世界的難度，就跟狗去理解我們的世界一樣。一旦電子人的地位得以確立，我們將不再是我們造物的主人，反而變成我們曾經深深喜愛的寵物在統治我們。如果我們想在一個新近形成的網絡世界中堅持存活下去，也許我們最好的選擇就是如此思考。

一個孩子並非天生就具有馬上了解其環境的能力。感知世界需要幾個月的時間，而改變世界則需要經過幾年。這可能是一個錯誤的記憶，但我生動地記得一個夢，就是躺在花園的陽光下，體驗一種極大的舒適感，並以某種方式體會到這就是生命的感覺。如果這是一次真實經歷的

184

話，那一定是在我生命的第二年。而對於新建的電子人，感受到自己活了這個過程，大約需要一個小時。

這種加速也適用於反應速度。以獨立的單細胞形態存在的早期有機生命，可以在大約一秒鐘內響應環境變化，例如光強度、酸度，以及食物的存在。相比之下，電子人則可以檢測到在一飛秒（attosecond，即 10^{-15} 秒）內發生的光照水平變化，這比有機生命快一千萬億倍。

然而，儘管其化學和物理性質受到限制，但有機生命仍然在可能的極限附近，做到了對變化的敏感性。在最佳狀態下，人的聽力可以偵測到振幅等於質子直徑十分之一的聲音。人類的視力是如此敏感，以至於如果它只是再稍微敏感一點，我們就會把夜空看成是一系列閃光燈，就像拿單個量子的光去照射我們的視網膜一樣。儘管這種適應性令人印象深刻，但有機生命永遠無法與電子人的速度和敏感性相提並論。

而記憶是另一回事。有機記憶和電子記憶都好得令人印象深刻，並且在這一點上，競賽仍在發生，因為它有持續長短的問題。我的生命已經經歷了近一百年，但我仍然

記得我祖母家花園的眾多細節，甚至確信自己在回憶這些細節時，它們猶如照片一樣清晰生動。現在，想像一下一個年輕的電子人對人類在體育賽事中勝利呼喊的反應吧。他會像人類一樣，在情感上作出反應嗎？我想知道這一點是否與我們一樣也適用於他們，其時間感也會隨場合而發生變化。

186

具備意識的宇宙

電子人和新星世的到來，將為我在第一章中提出的兩個重大問題提供進一步的證據：我們是孤獨地身處在宇宙中嗎？整個宇宙注定要獲得意識嗎？關於外星人，我認為新星世會增強我的信念，也就是他們不存在。

一九五〇年，偉大的物理學家恩里科・費米（Enrico Fermi）在美國洛斯阿拉莫斯國家實驗室（Los Alamos National Laboratory）與三位同事共進午餐。他們正在討論困擾美國的不明飛行物（UFO）目睹事件的頻發現象：三年前發生了著名的涉及「不明飛行物墜毀」的羅斯威爾事件（Roswell incident），而到了一九五〇年，外星人似乎變得無處不在。這些報導根本無法說服費米，午餐時他突然脫口而出：「他們在哪裏？」

從此以後，這句偶然的評論便動搖了一眾外星人觀察者的信心。費米的觀點是，如果我們在這裏，他們也應該在這裏，但事實並非如此。在我們的銀河系中有數十億顆星球，在可觀測的宇宙中則有多達 10^{21}（sextillions）顆。我們現在知道，還有許多行星可能居住著技術能力比人類高得多的外星人，如果他們像我們一樣追求太空飛行，那

189

麼宇宙的超大年齡，就意味著他們至少可以穿越我們的銀河系。簡而言之，外星人應該蜂擁而至。但事實並非如此。

就像星際旅行一樣，超級智能也是如此。如果我們確實生產出了電子人，這是否就不再意味著我們真的是客觀宇宙中的第一個、也是唯一的智能生物了？如果有像我們這樣的前輩，他們創造的人工智能早就可以解決費米提出的悖論了。如果像我們這樣的人在以前曾經出現過，然後又在推動人工智能，那麼這種新的物理智能現在可能早已主導整個客觀宇宙了。對於天文學家來說，會很容易探測到他的存在。他們將會到處都是。

我們必須再次緊記生產具備理解力的生物所花費的時間。在考慮智能生物的進化時，重要的是要記住這個過程有多慢。客觀宇宙自身有一百三十七億年的歷史。在它產生之後，必須在生物宇宙的進化上耗費數十億年。那些極其巨大的、只含氫氣的恆星，其週期有多長？一顆質量是太陽的一千倍的恆星，壽命約為一百萬年。它們太大了，壽命也太短了，以至於無法在其附近出現生命。然後，以

190

某種方式，我們的太陽終於出現——它可能出現在球狀星團（globular cluster）中。它必定位於猛烈爆炸的恆星鄰居附近，這些鄰居爆炸成為超新星（supernovae），並將生命的元素散佈在星團中。然後，在所有這些之後，距離我們出現還有四十億年。

因此，不僅我們孤獨地身處客觀宇宙中，我們的電子人後代，也將會孤獨地存在著。他們也將發現，在沒有其他生命的宇宙中自己是唯一的有理解能力的物種。當然，他們將會為理解宇宙這一使命做更好的準備。如果宇宙人類學原理是正確的，或許他們將會是通向智能宇宙過程的開始。如果讓電子人放手一搏，將會有一個小小的機會，從電子人中演化出一個能夠完成客觀宇宙目的的物種，無論那一目的會是什麼。或許智能生命的最終目標是將宇宙轉化為訊息。

我們是否必須擔憂新星世可能帶來的未來和「驚喜」？我不這麼認為。對我們來說，這個時代將標誌著這顆行星上接近四十億年的生物生命的終結。作為充滿情感的人類，我們當然應該為此感到自豪還有悲傷。如果約

翰·巴羅和法蘭克·蒂普勒（《人類宇宙學原理》）是正確的，客觀宇宙的存在是為了產生並維持智能生命，那麼我們正在發揮「光合作用有機生物」的角色，為下一階段的進化奠定基礎。

對我們來說，未來是不可知的，正如它一貫表現的那樣——即使在有機世界中，也總是如此。電子人自會構想電子人。他們不會繼續充當為我們帶來便利的低等生物，而是會進化，並可能成為先進的進化產物，一個嶄新且強大的物種。但是，由於蓋婭那具有統治地位與壓倒性優勢的存在，他們會馬上成為我們的主人。

192

Envoi

儘管已達到的很多，未知的也多啊。
—— 阿爾弗雷德 · 坦尼森勳爵〈尤利西斯〉

結

語

一九二六年，我七歲那年，我看到了紐科門「大氣蒸汽機」的復原物。我的父親湯姆（Tom）帶我去了肯辛頓（Kensington）的自然歷史博物館，他認為侏羅紀（Jurassic）的巨大蜥蜴會讓我印象深刻。其實不然，因為我對更多新近出現的機械藏品——我在隔壁的科學博物館中所看到的蒸汽機——充滿了興奮。對我來說，這些引擎比那些死去已久的蜥蜴殘骸，更令人著迷。我至今依然不禁在想，為什麼我們會忽略這些標誌著在能源使用上產生了巨大影響的機器，而將注意力集中在那些古老蜥蜴的骨骼殘骸上。

可是，儘管我對機器比對恐龍更有趣，但我對生物也同樣感興趣。我父親再次充當了引路人。

我的母親妮爾（Nell）是女權主義者和選舉權擴大主義者（suffragist），她被湯瑪斯·哈代（Thomas Hardy）小說中的自然觀深深觸動，因為那是野蠻、殘酷之處，窮人遭到嚴重虐待。這是當時新興城市精英的典型態度。相比之下，我的父親是一位鄉下人，他於一八七二年出生在旺塔奇（Wantage）附近的伯克郡（Berkshire）。他是家裏

十三個孩子之一，由我寡居的祖母撫養長大。

父親永遠無法接受哈代對鄉村生活的悲觀。相反，他認為鄉村生活雖然困難，但仍可以忍受。的確，除了在濟貧院（workhouse）居住以外，窮人並沒有其他權利。為了生存，我們洛夫洛克家族的祖輩，只好像狩獵採集者一樣過活。這種原始的生活方式，使我的父親儘管沒有受過教育，卻像塞爾伯恩的吉爾伯·懷特一樣，懂得很多生態知識。他非常了解野生動物的棲息地，以及如何狩捕牠們，因為他就是其中的一員。父親使得我們的郊外漫步變得如此有吸引力，以至於他的簡單教導給了我某種對地球、對蓋婭的感覺，這種感覺一直滋養著我。我是一個備受恩寵的孩子。

而現在，我是一個受到恩寵的老者。在我們小巧的四室小屋中，我的工作間的窗戶正對著切爾素（Chesil）海灘，望向廣闊的大西洋。從白沫四濺的憤怒，到沁人心脾的寧靜，大西洋的種種情緒，我們都盡收眼底。距離我們的小屋一百碼之處，是國民信託（National Trust）擁有的土地，它從大海平面一直上升到高約八百英尺的珀貝克山

197

（Purbeck Hills）頂部。那裏是絕佳的漫步勝地，也是多種植物、昆蟲、蠕蟲、鼠類和鳥雀——別忘了還有更多的微生物物種——的家園。而當我走過這片荒地時，相當樂意將微生物帶入自己體內，其數量相等於許多微生物攜帶者的十倍。和我的妻子珊迪（Sandy）一起來這裏散步，確實感到相當滿足。

我感覺受到恩寵，還因為我生活在英格蘭。這裏受益於溫帶氣候的自然（蓋婭）恩賜，以及（大部分時間內）溫和歷史的人文恩賜。我們往往太容易忘記，這些島嶼上的人們與歐洲大陸的居民不同，除了一場內戰以外，經歷了長達一千年的內部和平。在此期間，他們發展出了一套注重體面行為和等級體系、試圖區分好壞善惡的普通法。我們要提防那些蠱惑民心的政客，當心他們會用有利於自己的憲法來取代它。

我感覺受到恩寵的最後一個理由，是我的獨立。我在一九六一年收到美國太空總署太空飛行計劃主任安倍·西爾弗斯坦（Abe Silverstein）的來信，其中第一句話成了我生活的轉折點：他要求我參加一個計劃，目的是實現

一九六三年在月球上的軟著陸。當然，我拋下了一切，接受了這份工作。後來，我收到了西爾弗斯坦的第二封信，他邀請我參加一九六四年水手號（Mariner）登陸火星的有效載荷計劃。這些委託案鼓勵我開始獨自謀生。在得克薩斯州休斯敦的貝勒醫學院（Baylor College of Medicine）擔任終身教授三年後，我在銀行存了足夠的資金，在梳士巴利（Salisbury）附近的寶爾卓克（Bowerchalke）購買和配備了一個小型實驗室。從那時起，我便一直依靠專利使用費的收益，以及為公司和政府部門解決問題所收取的費用來養活自己。

同樣重要的是，我受邀執行太空總署的任務——生產小型、高度靈敏的儀器，以測試月球和火星的地表和大氣層。就火星而言，這些設備旨在探測生命存在的證據。我之所以被邀請，是因為我發明了一種超靈敏的探測器，能夠感應大多數化學物質。我的探測器與一台簡單的、同樣輕薄的氣相色譜儀相結合，正是當時太空總署所需要的。

那時，有生物學家提出一個問題：「我們如何探測到其他星球上生命的存在？」我堅決表示，在其他星球上尋

199

求地球型生命毫無意義，尤其是在我們還非常不了解地球環境，並且幾乎完全不了解其他行星的時候。這激怒了那些資深生物學家，因為他們似乎確定，唯一可能的生命形式就是基於 DNA 的生命。他們的反對非常強烈，以至於我被召到太空總署一位高級太空工程師的辦公室，被問到：「你如何尋找另一個星球上的生命？」我回答說，我將監測該行星表面上熵的降低。我當時意識到，生命組成了它的環境。蓋婭假說就是這樣誕生了。

現在，當我在夜裏望向大海，看到天空中的紅色行星——火星時，我感到非常激動，因為我知道我設計的兩個硬體正位於火星沙漠中。一九七七年的時候，它們發揮了作用，幫助人們認識到我們這顆兄弟行星是多麼了無生命。

因此，五十多年來，我一直保持獨立，並接受蓋婭理論的引導。它從來沒有讓我失望過。

也許有點不夠謙虛，我認為，我所在的英格蘭西南海岸這一地理位置，以及我身為科學家、工程師和發明家的獨立職業生涯，使我與人類世和新星世的兩位開創者發生

200

了一些聯繫。如果「那台以火抽水的驚人機器的唯一發明者」湯瑪斯·紐科門，可以被認為是人類世的始創人，那麼我可以說，古列爾莫·馬可尼（Guglielmo Marconi）就是新星世的始創人。兩人都在西南地區開展了最重要的工作，並且都具備獨立思維和務實態度。

像紐科門一樣，馬可尼也是一名工程師。他使電子訊息傳輸變得切實可行。可以肯定的是，我們感謝亞歷山大·格雷厄姆·貝爾（Alexander Graham Bell）讓電話變為現實。但是，馬可尼不僅使無線電報變得可能，而且把它商業化，正是這一點確保了它的快速發展。廣播及電視領域的種種事物，都是從馬可尼的簡單實驗演化而來的。

令人好奇的是，馬可尼是在距離紐科門製造蒸汽機不遠的地方，進行了遠程無線電報的首次嘗試。一九〇一年，他試圖將訊號從康沃爾郡（Cornwall）的波爾杜（Poldhu），發送到橫跨大西洋兩千二百英里之外、位於紐芬蘭（Newfoundland）的聖約翰（St John's）。那些傑出的物理學教授曾愚蠢地宣稱，不可能跨過大西洋發送無線電訊號，因為包括無線電在內的電磁輻射沿直線傳播，而

201

海洋表面則要跟隨地球的曲度。比較簡單地說，就是訊號被擋住了。是另一位工程師奧利弗·海維賽德（Oliver Heaviside），意識到了高空大氣層裏可能有一個電子反射層，就像鏡子那樣，將馬可尼的訊號反射回海面，就這樣一直跨過大西洋。

因此，第一位實用訊息技術的發明者，是馬可尼。他不懈的努力和堅毅，令我深受鼓舞。當理性科學清楚地表明由於地球的曲度，這種壯舉是不可能的時候，他發射了跨越數千英里海洋的訊號。他像紐科門一樣，是新時代的第一人。

開啟新星世之後的地質時代的智能生物將不是人類，而會是一種與我們現在能想到的一切都完全不同的東西。與我們的邏輯不同，他們的邏輯將會是多維的。與動物界和植物界一樣，他們可能會在大小、速度和作用力等方面呈現不同的變化，以許多不同的形式存在。那可能是生命宇宙演化發展的下一步，甚至最終一步。

我們不應因這些後代的存在而感到自己被貶低。想想我們已經走了多遠吧。四十億年前，地球表面很可能還是

富含有機化學物質的海洋。它溫暖而舒適，當時不需要蓋
婭的監管。生命以某種方式開始了。最初的生命形式是充
滿化學物質的簡單細胞。逐漸地，牠們成形了，變為我們
現在可能認為是細菌的東西。這些細菌當時存活著，且毫
不猶豫地互相追捕、殺死並吃掉對方。

這種現象緩慢而穩定地持續了數十億年，直到大約
十億年前，某個被吃掉的細菌在其捕食者體內倖存下來，
而這兩種生物以某種方式形成了新生命，亦即真核細胞
（eukaryotic cell）。植物界和動物界就是從此進化而來。而
細菌和其他單細胞生物仍然存在，並在構築有生命的行星
的過程中發揮著牠們的作用。

然後，在三十萬年前，隨著人類的出現，宇宙中的這
個孤獨星球，從此獲得了自我了解的能力。當然，並不是
馬上獲得的。直到數百年前科學復興時期的巨人們出現，
人類才開始掌握宇宙的全部物理現實。現在，我們正準備
將理解的天賦，轉交給新形式的智能生物。

不要為此感到沮喪。我們已經發揮了我們的作用。
讓我們從詩人坦尼森（Tennyson）那篇關於尤里西斯

（Ulysses）──那已屆暮年的偉大戰士和探險家──的詩作中尋求安慰吧：

儘管已達到的很多，未知的也多啊

雖然我們的力量已不如當初

已遠非昔日移天動地的雄姿，但我們還是我們……

是啊，無論會經歷什麼樣的變化，我們還是我們。我們一邊從我們過去所做過的、以及將來還可能有幸做到的事情的記憶中獲取慰藉，一邊又對我們自己的生命無常坦然接受，這就是我們這個偉大時代的智慧。此外，也許我們可以寄望，隨著智慧和理解從地球向外擴散，直至擁抱整個宇宙，我們的貢獻將不會完全被忘卻。

中英文譯名對照表

206

Charles Babbage	查爾斯・巴貝奇
Chesil	切爾素
Claude Shannon	克勞特・山儂
clepsydrae	漏壺計時器
Clive Hamilton	克萊夫・漢密爾頓
coccolithophores	顆石藻
Coombe Mill	顧米爾
Copernicus	哥白尼
Cornwall	康沃爾郡
Cosmos	宇宙
crater	隕石坑
cybernetic	控馭學
cyborg	电子人

D

Daisyworld	雛菊世界
Darkness	〈黑暗〉
Darlington	達靈頓
Dartmouth	達特茅斯
Data	達他
Deep Blue	深藍
Devon	德文郡
dimethyl sulphide	二甲基硫
Dorset	多塞特郡
Douglas Adams	道格拉斯・亞當斯

209

G

Gaia	蓋婭
Gaia hypothesis	蓋婭假說
Galaxy	銀河系
Galileo	伽利略
gallium arsenide	砷化鎵
Garry Kasparov	格力・卡斯帕羅夫
gas chromatography	氣相色譜分析
George Orwell	喬治・奧威爾
Gilbert White	吉爾伯特・懷特
Glacial Cycle	冰期旋迴
globular cluster	球狀星團
Go	圍棋
Goldilocks Zone	金髮姑娘區
Google	谷歌
Gordon Moore	戈登・摩爾
graphene	石墨烯
graphite	石墨
Great Dying	大死亡
Great Lakes	五大湖
greenhouse effect	溫室效應
Griff	格里夫
Guernica	格爾尼卡
Guglielmo Marconi	古列爾莫・馬可尼

H

Haight-Ashbury	海特·雅殊伯里
Hamlet	哈姆雷特
Hampshire	漢普郡
Hampstead	漢普斯特德
heliocentric reflectors	日心反射器
helium	氦氣
hemoclysms	大屠殺
hippy movement	嬉皮運動
Hitchhiker's guide to the Galaxy	《銀河系漫遊指南》
Holocene	全新世
homeostasis	穩態
Homo sapiens	智人
hydrogen	氫氣

I

ice age	冰河時代
Industrial Revolution	工業革命
Intel	英特爾
interglacial peried	間冰期
invertebrate	無脊椎動物
Isaac Asimov	艾薩克·阿西莫夫

J

Jacques Monod	賈克・莫諾
James Clerk Maxwell	詹姆斯・麥斯威
James Hansen	詹姆斯・漢森
James Watt	詹姆斯・瓦特
John Barrow	約翰・巴羅
Jurassic	侏羅紀

K

Karel Čapek	卡雷爾・塞佩克
Kasparov	卡斯帕羅夫
Kensington	肯辛頓
Kepler	開普勒
Kew Gardens	皇家植物園

L

Lake Toba	多峇湖
Laki Vdcano	拉基火山
Laplace	拉普拉斯
large flat flame	大平面火焰
Las Vegas	拉斯維加斯
Leo Szilard	里奧・西拉德
Lethal Autonomous Weapons Systems, LAWS	致命自動武器系統
Lewis Mumford	劉易斯・芒福德

212

Mount Tambora	坦波拉火山
Mozart	莫扎特

N

nanosecond	納秒
NASA	美國太空總署
Nathan Kline	彌敦・克朗安
National Institute for Medical Research	英國國家醫學研究所
National Trust	國民信託
Nell	妮爾
neuron	神經元
Newfoundland	紐芬蘭
Newton	牛頓
Novacene	新星世

O

Oliver Heaviside	奧利弗・海維賽德
Oliver Morton	奧利弗・莫頓
On the Projected Kendal and Windermere Railway	〈關於肯德爾和溫德米爾鐵路計劃〉
original sin	原罪
Owen Lidwell	奧雲・立特威爾
oxygen	氧氣

P

pachyderm	厚皮動物
Permian	二疊紀
Permian extinction	二疊紀大滅絕
Philosophical Transactions	《哲學彙刊》
Phoenix	鳳凰城
photosynthesize	光合作用
Planck	普朗克
planetary albedo	行星反照率
Pleistocene	更新世
Pliocene	上新世
Poincare	龐加萊
Poldhu	波爾杜
Popper	波普爾
Port Augusta	奧古斯塔港
Purbeck Hills	珀貝克山

Q

| Quaker | 貴格會信徒 |
| quantum theory | 量子理論 |

R

recursion	遞歸
red giant star	紅巨星
Richard Brautigan	理察‧布萊提根

Richard Feynman	理察・費曼
Richard Gatling	理察・加特林
Richard Rhodes	理察・羅德斯
Robert Hooke	羅伯特・胡克
Rossum's Universal Robots	《羅斯蘇姆的通用機器人》
Roswell incident	羅斯威爾事件
Royal Society	皇家學會
Russell	羅素

S

Saharan deserts	撒哈拉沙漠
Salisbury	梳士巴利
Sandy	珊迪
Selborne	塞爾伯恩村
sextillions	10^{21} 顆
Shogi	將棋
Siberian Traps	西伯利亞陷阱
Sigmund Freud	西格蒙德・弗洛伊德
Silicon Valley	矽谷
silicon-based	矽基
Sir Lawrence Freedman	勞倫斯・弗里德曼爵士
Socrates	蘇格拉底
solardebris	太陽碎片
Southampton Row	南安普敦街
spiritualists	通靈論者

216

St John's	聖約翰
stage mind-readers	舞台讀心者
Star Trek	《星空奇遇記》
Star Trek: The Next Generation	《新星空奇遇記》
Stephen Hawking	斯蒂芬・霍金
Stockfish	鱈魚
Stockton	斯托克頓
string-bag biplanes	繩袋雙翼飛機
suffragist	選舉權擴大主義者
supercritical steam	超臨界蒸汽
supernovae	超新星
Sussex	蘇塞克斯

T

telepathic	心靈感應
teleportation	隱形傳送
Tennyson	坦尼森
the age of fire	火的時代
The Anthropic Cosmological Principle	《人類宇宙學原理》
the Grand Unification	大統一時代
the hydrogen of water	水氫
the ice core record	冰芯記錄
The Matrix	《廿二世紀殺人網絡》
The Natural History of Selborne	《塞爾伯恩自然史》

the Palaeocene / Eocene Thermal Maximum	古新世／始新世極熱事件
The Planet remade: How Geoengineeriong Could change the World	《行星重造：地球工程學如何改變世界》
The Terminator	《未來戰士》
Thomas Hardy	湯瑪斯・哈代
Thomas Jefferson	湯瑪斯・傑佛遜
Thomas Newcomen	湯瑪斯・紐科門
three laws of robotics	機器人三定律
Tom	湯姆
trace level	痕量
trans-uranic elements	超鈾元素
tree-searching	樹搜索
Triassic	三疊紀
Trinity College Cambridge	劍橋三一學院
Tsar Bomba	沙皇炸彈

U

ultra-incandescent regions	超白熾區域
Ulysses	尤里西斯
unicellular organisms	單細胞生物
Universe	客觀宇宙
unshielded explosion	非屏蔽爆炸

V

W

索引

223

226

十三畫

228

新星世：即將到來的超智能時代

230

232

策劃編輯　顧　瑜
責任編輯　蘇健偉
書籍設計　a_kun

書　　名　新星世：即將到來的超智能時代
著　　者　詹姆斯·洛夫洛克　拜仁·艾普雅德
譯　　者　譚宗穎
出　　版　三聯書店（香港）有限公司
　　　　　香港北角英皇道 499 號北角工業大廈 20 樓
　　　　　Joint Publishing (H.K.) Co., Ltd.
　　　　　20/F, North Point Industrial Building,
　　　　　499 King's Road, North Point, Hong Kong
香港發行　香港聯合書刊物流有限公司
　　　　　香港新界荃灣德士古道 220-248 號 16 樓
印　　刷　美雅印刷製本有限公司
　　　　　香港九龍觀塘榮業街 6 號 4 樓 A 室
版　　次　2021 年 4 月香港第一版第一次印刷
規　　格　32 開（125 × 185mm）248 面
國際書號　ISBN 978-962-04-4649-8

Original English language edition first published by Penguin Books Ltd.
London, WC2R 0RL, UK